从问题到创新

STEM 课程设计与深度解析

缪永留　◆　编著

江苏大学出版社
JIANGSU UNIVERSITY PRESS

镇　江

图书在版编目（CIP）数据

从问题到创新：STEM 课程设计与深度解析／缪永留
编著. — 镇江：江苏大学出版社，2023.11
　　ISBN 978-7-5684-1927-7

　　Ⅰ.①从… Ⅱ.①缪… Ⅲ.①科学知识－案例－中小
学 Ⅳ.①G633.932

　　中国国家版本馆 CIP 数据核字（2023）第 203994 号

从问题到创新——STEM 课程设计与深度解析
Cong Wenti Dao Chuangxin——STEM Kecheng Sheji Yu Shendu Jiexi

编　　著/缪永留
责任编辑/王　晶
出版发行/江苏大学出版社
地　　址/江苏省镇江市京口区学府路 301 号（邮编：212013）
电　　话/0511－84446464（传真）
网　　址/http：//press.ujs.edu.cn
排　　版/镇江文苑制版印刷有限责任公司
印　　刷/江苏凤凰数码印务有限公司
开　　本/787 mm×1 092 mm　1/16
印　　张/12.75
字　　数/242 千字
版　　次/2023 年 11 月第 1 版
印　　次/2023 年 11 月第 1 次印刷
书　　号/ISBN 978-7-5684-1927-7
定　　价/45.00 元

如有印装质量问题请与本社营销部联系（电话：0511-84440882）

前言

　　STEM 课程关注真实生活，提倡发现"真问题"，以跨学科融合的学习方式综合运用科学、技术、工程、数学知识去解决生活中的问题。学生通过学习 STEM，可以激发探究兴趣，培养创新思维，提升合作意识。

　　本书提供了 9 个真实、有趣又富有挑战性的 STEM 课程案例。每个案例均包含翔实、可操作的教学设计和相关资源；聚焦有价值的真问题，并将真问题转化为切实可行的工程挑战任务，引导学生在生活中发现、在发现中思考、在思考中创新；为学生创造了很多机会，在教学实践中，教师可以引导学生提问、探索、调查、研究、分析、设计、创造和反思。学生在 STEM 课程中将会面对一系列挑战：如何对问题进行分析，如何设计方案来解决问题，如何制作模型并进行测试，如何控制工程预算，如何用证据来支持自己的观点，如何将自己的观点清晰地表达出来，等等。

　　通过本书的学习，读者可以直接运用或借鉴参考书中的案例开展教学，带领学生经历完整的工程设计过程：识别问题和制约因素、调查研究、形成概念、分析与设计、建立模型、测试优化、反思迭代，了解通过工程项目将多学科、多领域知识有机地整合在一起的方法，在这种知识整合过程中，发展学生的创新思维，提升学生解决问题的能力。

　　希望本书能起到抛砖引玉的作用，使读者在学习本书案例的基础上，举一反三，设计更多优秀的 STEM 课程案例，为培养学生的跨学科学习能力、提升学生的综合素养做出贡献。

目录

1

果实保护记

课例内容与教学目标

 课例核心内容

1. 课例概述

"果实保护记"项目源于学校种植区栽培的西红柿等果实总是被小鸟偷食,学生在观察的过程中萌生了保护果实的想法。在本项目中,教师引导学生就"怎样保护果实"这一问题进行探讨,在实践中鼓励学生相互合作,综合运用科学、技术、工程、数学等领域的知识,通过直接感知、亲身体验和实际操作,在测试中对设计方案和制作模型不断优化改进,最后解决实际问题。

2. 本课例的工程挑战任务

在种植区设计、制作一个果实保护装置,防止种植区的果实被小鸟啄食。

3. 建议课时

8 课时(40 分钟/课时)。

课例教学目标

1. 科学探究

(1)初步感知磁铁之间存在的相斥和相吸现象。

(2)初步了解轴承装置的简单原理。

2. 技术素养

(1)掌握锯子、管钳、锤子等工具的基本使用方法。

(2)灵活运用工具解决防鸟网罩、稻草人制作中的技术难题。

3. 工程目标

(1)利用竹竿、网格等材料搭建防鸟网罩。

(2)利用 PVC 管、轴承等材料制作稻草人。

4. 数学领域

(1)掌握用直尺测量物体尺寸的方法。

(2)测量种植区、防鸟网罩和稻草人等的尺寸。

教学设计与实施

环节一　问题与聚焦

学校有一块种植区，每天同学们都会来到种植区观察植物的生长变化情况，精心照顾植物，乐此不疲地为植物浇水、除草、施肥、修剪，记录植物的生长变化情况，并相互交流分享（图 1.1、图 1.2）。

六月的某一天，同学们来到种植区一边观察一边交流自己的发现：许多西红柿和无花果都被小鸟偷吃了（图 1.3、图 1.4）。

图 1.1　观察石榴

图 1.2　观察西红柿

图 1.3　发现西红柿被偷吃

图 1.4　发现小鸟偷吃无花果

怎样才能使果实不被小鸟偷吃呢？我们一起想想办法吧！

通过交流讨论，同学们决定设计一种果实保护装置。

你们有什么更好的建议呢？请记录下来吧！

环节二　调查与分析

任务　发放"保护果实"调查表（表1.1），请同学们和父母共同讨论并画出自己认为最适合保护果实的方法。

表1.1　"保护果实"调查表

果园的果实	保护果实的方法（请画出一种你认为最适合保护果实的方法）

收集、汇总调查表后发现，同学们共提出了4种方案，分别是搭建网罩（图1.5）、利用音乐驱鸟（图1.6）、利用果袋套果（图1.7）和利用稻草人驱鸟（图1.8）。

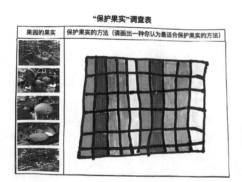

图1.5　搭建网罩

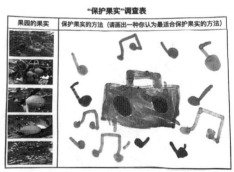

图1.6　利用音乐驱鸟

图 1.7　利用果袋套果　　　　图 1.8　利用稻草人驱鸟

哪种方式更适合保护种植区的果实呢？一场辩论赛开始了。

雯雯：我们可以在种植区放驱鸟音乐，鸟儿听到音乐后害怕，就会飞走了。

乐乐：放驱鸟音乐会产生噪声，影响小朋友学习和休息，我觉得不行。

明明：在农田里经常可以看到稻草人，稻草人应该可以。

倩倩：搭建网罩将果实保护起来，鸟儿就吃不到果实了，我们可以试试。

阿满：果袋套果呢？

玲玲：果袋套果不是对所有果实都适用的，比如毛豆等个儿小的果实就不适用。

教师：那我们就选择网罩和稻草人试一试吧！

同学们，你们有什么不同的想法呢？请记录下来，并展开讨论吧！

环节三 设计与制作（搭建网罩）

任务 设计、制作网罩保护果实。

（一）模拟设计

（1）材料：奶粉罐、桌布。

（2）模拟过程：以4个奶粉罐为一组进行连接并垒高，完成五组后分别放在场地的四个角落及中间（图1.9），然后打开桌布，将桌布覆盖在用奶粉罐搭建成的五根"柱子"上（图1.10），模拟网罩制作过程。

图1.9 模拟搭建　　　　　　　　　图1.10 铺设网罩

（二）实地操作

（1）活动探索：学生带着收集的网和竹竿到种植区实地操作，为种植区的植物搭建保护网罩。

（2）材料：竹竿、网（图1.11）。

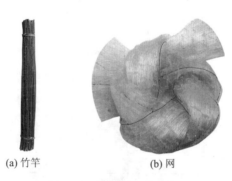

(a) 竹竿　　　　　　　(b) 网

图1.11 搭建网罩的材料

（3）探索过程：将竹竿深深插入植物周围的土壤中，保证竹竿稳固，将网覆盖在竹竿上面，给种植区的西红柿、黄瓜等植物搭起保护网罩（图 1.12）。

图 1.12　搭建网罩

为种植区的植物搭建好网罩后，学生连续观察了数天（图 1.13）。他们发现给植物搭建的网罩，确实起到了防护作用，连续数日都没有果实被小鸟偷吃。但是有一天，学生在西红柿种植区发现了一只死亡的小鸟（图 1.14），这时大家意识到网罩会给小鸟带来致命的伤害。同时，网罩也不便于他们给植物浇水和施肥。

图 1.13　搭建网罩并观察

图 1.14　发现死亡的小鸟

同学们，你们操作之后有什么发现？有没有更好的建议？

环节四　设计与制作（制作稻草人）

任务　设计、制作稻草人，并将其投放至种植区测试防鸟效果。

（一）设计稻草人

如果在种植区放置稻草人会有怎样的效果呢？稻草人是什么样的呢？请阅读相关资料，画出自己心目中的稻草人。

部分学生绘画设计的稻草人作品如下（图 1.15）。

图 1.15　稻草人绘画

（二）制作稻草人

（1）材料：竹竿、稻草、绳子、服饰等装饰物（图 1.16）。

(a) 竹竿　　　　　(b) 稻草　　　　　(c) 绳子　　　　　(d) 服饰

图 1.16　制作稻草人的材料

（2）稻草人的制作步骤：

第一步，挑选两捆稻草，分别用来做稻草人的"身体"和"手臂"（图 1.17）。

第二步，将两捆稻草的两端修剪整齐，取其中的一捆稻草，在稻草的两端及中间用麻绳绑扎，做成稻草人的"手臂"（图 1.18）。

第三步，拿起另一捆稻草，在稻草的上半部用麻绳绑扎两处，做成稻草人的"身体"（图 1.19）。

第四步，将稻草人的"身体"从下半部的中间处分开，插入稻草人的"手臂"，使稻草人的"身体"与"手臂"呈"十"字形，这样稻草人的骨架就完成了（图 1.20）。

第五步，在稻草人的"身体"处由下往上插入一根竹竿，用麻绳捆绑固定（图 1.21）。再取部分稻草用麻布包裹成球状，绑在竹竿上，做成稻草人的"头部"。

第六步，先在稻草人的"头部"画上五官或贴上五官，再为稻草人戴上帽子、穿上衣服（图 1.22）。

按照上面六个步骤操作，就可以制作出一个稻草人啦！

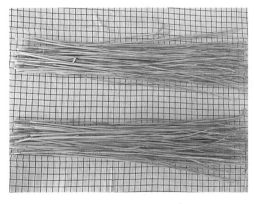
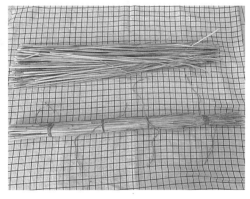

图 1.17　挑选稻草　　　　　　　　　图 1.18　绑扎稻草，做成"手臂"

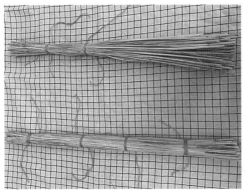

图 1.19　绑扎稻草，做成"身体"

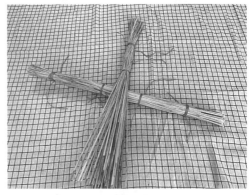

图 1.20　搭出"十"字形骨架

图 1.21　捆绑固定竹竿

图 1.22　装饰稻草人

（三）投放稻草人

将制作好的稻草人投放到种植区，观察其是否能够防鸟（图 1.23）。

图 1.23　投放稻草人并观察其是否有效

观察后发现，一开始种植区的鸟儿确实少了很多，可过了几天，又有胆大的鸟儿偷食成熟的果实了，可见稻草人防鸟的效果不够理想。

同学们，你们的稻草人防鸟效果怎么样？有没有更好的建议？

环节五　调查与研究

任务　对于不会动的稻草人无法防备小鸟偷食这一问题，发放调查表（表 1.2），请同学们和父母共同讨论有没有办法让稻草人动起来。

表 1.2　"会动的稻草人"调查表

孩子们，请你和爸爸妈妈一起讨论下面的问题并回答。 1. 你觉得有办法能使稻草人动起来吗？ 　　有（　　） 　　　　　没有（　　） 2. 如果有，你会采用什么方法使稻草人动起来？请在方框中画出你的想法吧。

　　调查结果显示，大家都觉得有方法能使稻草人动起来，采用最多的是以下 4 种方法，分别是借助电力（图 1.24）、借助人力（图 1.25）、借助风力（图 1.26）和借助磁力（图 1.27）。

图 1.24　借助电力

图 1.25　借助人力

"会动的稻草人"调查表

孩子们，请你和爸爸妈妈一起讨论下面的问题并回答。

1. 你觉得有办法能使稻草人动起来吗？

有（✓）　　　没有（　）

2.如果有，你会采用什么方法使稻草人动起来？请在方框中画出你的想法吧。

图 1.26　借助风力

"会动的稻草人"调查表

孩子们，请你和爸爸妈妈一起讨论下面的问题并回答。

1. 你觉得有办法能使稻草人动起来吗？

有（✓）　　　没有（　）

2.如果有，你会采用什么方法使稻草人动起来？请在方框中画出你的想法吧。

图 1.27　借助磁力

同学们，你们有没有不同的想法？请记录下来。

环节六　拓展与研究

任务 1　探索磁铁的性质。

（1）材料：绳子、磁铁（图 1.28）。

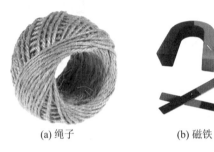

(a) 绳子　　　　　　　　(b) 磁铁

图 1.28　材料

（2）探索过程：玩一玩磁铁，感知磁铁的两极，并初步了解磁铁具有"同极相斥，异极相吸"的性质。

图 1.29　探知磁铁的特性

① 磁铁和磁铁碰一碰：红的一面与红的一面碰一碰，蓝的一面与蓝的一面碰一碰，红的一面与蓝的一面再碰一碰。仔细观察发生的现象。

② 探索发现：红的一面与红的一面相碰，蓝的一面与蓝的一面相碰，两块磁铁之间会相互排斥；红的一面与蓝的一面相碰，它们就会牢牢地吸在一起。

③ 小结：磁铁有两极，同极相碰时就会产生斥力，异极相碰时就会产生吸力（图 1.29）。

（3）思考：如何利用磁铁的性质让稻草人动起来？请将你们的想法画出来。

任务2 利用磁铁"同极相斥"的性质，让稻草人动起来。

（1）材料：圆木皮、PVC 管、轴承和磁铁（图1.30）。

 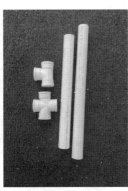  

(a) 圆木皮　　　　　　(b) PVC管　　　　　　(c) 轴承　　　　　　(d) 磁铁

图 1.30　材料

（2）工具：尺子、锯子、锤子（图1.31）。

(a) 尺子　　　　　　　(b) 锯子　　　　　　　(c) 锤子

图 1.31　工具

（3）制作过程：

① 测量出所需 PVC 管材料的长度（图 1.32）。

② 将测量好的 PVC 管进行简单的切割（图 1.33）。

③ 连接 PVC 管，搭建出稻草人"身体"的上半部，并安装轴承（图 1.34）。

知识链接

　　轴承是当代机械设备中一种重要零部件。它的主要功能是支撑机械旋转体，降低其运动过程中的摩擦系数，并保证其回转精度。它的工作原理是以滚动摩擦代替滑动摩擦。借助这一原理，将轴承安装在稻草人的"手臂"处，可以减轻"手臂"的阻力。

④ 连接 PVC 管，搭建出稻草人"身体"的下半部（图 1.35）。

⑤ 用锤子敲击 PVC 管各个连接的地方，使其更加稳固（图 1.36）。

图 1.32　测量长度

图 1.33　切割 PVC 管

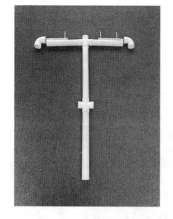

图 1.34　搭建上半部并安装轴承

图 1.35　搭建下半部

图 1.36　敲击稳固

⑥ 搭好大致外形后，将 2 块磁铁的同极相对安装在稻草人的"手部"位置（图 1.37）。

⑦ 安装完成（图 1.38），这时稻草人的"手臂"就会因磁铁同极产生斥力而轻轻晃动起来。

图 1.37　安装磁铁　　　　图 1.38　安装完成

任务 3　测试并优化会动的稻草人（图 1.39、图 1.40）。

图 1.39　测试稻草人　　　　图 1.40　优化稻草人

经过测试，你们制作的稻草人防鸟效果如何，请记录下来。

你们能对稻草人进行修改与优化吗？请写出优化方案，并再次进行测试。

环节七　展示与评价

（一）展示作品

最终你们设计出的会动的稻草人是什么样的？会动的稻草人保护果实的效果如何？请将作品的图片贴在下方。

（二）作品评价

回顾"保护果实"的活动过程，请对整个探索过程做出评价（表1.3）。

表1.3　"保护果实"STEM项目评价量表

评价内容	评价结果		
会安全使用工具进行探索	优秀□	良好□	有待进步□
能积极参加小组合作活动	优秀□	良好□	有待进步□
能积极表达自己的想法并勇于尝试	优秀□	良好□	有待进步□
能与同伴分享解决问题的经验	优秀□	良好□	有待进步□
知道稻草人会动的原理	优秀□	良好□	有待进步□
了解磁铁和轴承等材料在生活中的应用	优秀□	良好□	有待进步□
能通过合作搭建网罩和制作稻草人	优秀□	良好□	有待进步□
在不断优化中获得成功感	优秀□	良好□	有待进步□

说一说你们在探索过程中的收获吧。

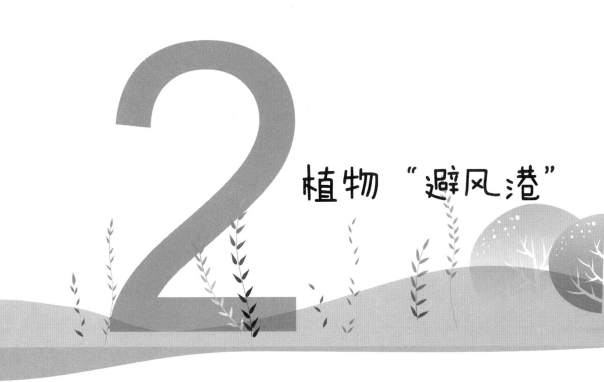

植物"避风港"

课例内容与教学目标

● 课例核心内容

1. 课例概述

"植物'避风港'"项目源于学生在生活中发现户外许多植物在寒冷的季节被冻坏了，这激发了他们保护植物的想法。在本项目中，教师与学生一起探究阳光花房的作用和结构，鼓励学生自主设计、建造阳光花房；学生在测试中对阳光花房进行不断优化改进，将科学、技术、工程、数学等领域的知识在项目式学习过程中融会贯通，最后解决实际问题。

2. 本课例的工程挑战任务

为校园内的植物角设计、制作一个阳光花房。

3. 建议课时

8 课时（40 分钟/课时）。

● 课例教学目标

1. 科学探究

（1）了解阳光花房具有透光、保温、防雨、防风等作用。

（2）了解植物的生长特点，选择合适的材料建造阳光花房。

2. 技术素养

（1）熟练使用剪刀、热熔枪等工具建造阳光花房。

（2）选择适宜的材料建造阳光花房，并探究影响阳光花房牢固性的因素。

3. 工程目标

（1）画出设计图，并按照设计图建造阳光花房。

（2）在建造阳光花房的过程中遇到困难时能够提出解决方案，并尝试修改完善，最终找到最优方案。

4. 数学领域

（1）运用测量的方法比较物体的长短、粗细。

（2）感知物体的结构特征。

教学设计与实施

环节一　问题与聚焦

图 2.1　植物温房

寒冷的冬天，学生发现教室窗外植物架上的许多植物都被冻坏了，非常心疼。为解决这个问题，学生开展头脑风暴，并提出可以给植物架上的盆栽做个阳光花房。

学生通过查阅资料发现阳光花房有采光好、保暖、防风、防雨的作用（图 2.1）。于是他们决定为植物架上的植物建一个阳光花房。

同学们，你们校园内的植物是不是也有被冻坏的情况呢？你们打算怎么做？请尽情去探索吧，把你们的想法记录下来。

环节二　调查与分析

任务　观察阳光花房的结构。

问题 1：阳光花房由哪些部分组成？

问题 2：阳光花房各组成部分分别是什么形状的？

问题 3：阳光花房各组成部分分别是用什么材料建造的？

问题 4：阳光花房的框架是怎么固定的？

根据上面 4 个问题，学生带上纸和笔前往种植园，仔细观察阳光花房的基本结构并记录（表 2.1、图 2.2、图 2.3）。

表 2.1　阳光花房结构观察表

姓名：	日期：

图 2.2　观察记录

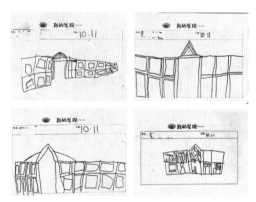

图 2.3　观察记录表

通过仔细地观察，学生发现阳光花房屋顶的结构类似“人”字形，下方结构更像长方体，加上顶面承托钢化玻璃的横梁和纵梁，整个阳光花房呈网状结构。

环节三　设计与制作

任务1　分小组，设计与搭建阳光花房的基本框架。

（1）材料：A4纸、记号笔、长短不一的木棒、轻黏土、剪刀、记录表（图2.4）。

（2）制作过程：

① 设计并绘制阳光花房的框架图（图2.5）。

② 按照设计图纸搭建阳光花房的基本框架。

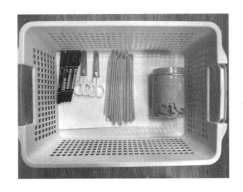 

图2.4　部分材料　　　　　　　　　　　图2.5　绘制设计图

以上环节要求学生像工程师一样设计图纸，并且按照设计图纸进行搭建。在搭建的过程中，学生需要进行比对和测量，选择合适的木棒（图2.6）。

③ 测试搭建好的框架是否稳固（图2.7），例如测试框架有没有倾斜、歪倒，将测试中出现的问题记录在表2.2中。

图2.6　搭建框架　　　　　　　　　　　图2.7　测试框架

表 2.2 框架测试记录表

小组	测试中出现的问题	反思与优化

任务 2 分小组，设计与建造迷你阳光花房。

（1）材料：根据表 2.3，每小组自行准备材料。选择材料需考虑以下几个因素：① 材料要防水，能遮风挡雨。② 阳光花房表面的材料要是透明的，能够保证光线透过。③ 整体框架要牢固、结实耐用。④ 材料要环保。⑤ 材料价格要适中。

表 2.3 各小组的活动材料

组别	花房框架材料	连接处材料	表面覆盖材料	辅助材料	材料图片
第一组	树枝	热熔胶	保鲜膜	热熔枪	
第二组	木棒	轻黏土	透明塑料袋	剪刀、双面胶	
第三组	PVC 管	PVC 弯头	保鲜膜	胶带、尺子	
第四组	积塑玩具	积塑玩具	透明塑料膜	塑料扎带	

（2）活动过程：

① 每小组交流讨论，并构思出阳光花房的框架结构，绘制设计图。

② 每小组使用准备好的材料进行建造活动。在学生使用工具时，教师应给予指导并提醒他们注意安全。

知识链接

热熔枪的使用方法：

① 将热熔胶棒插入胶枪的插口中，然后通电，指示灯亮起表明正在加热。

② 等待几分钟后，扣动扳扣，挤出热熔胶。注意在使用时要沿着固定的方向一边挤压、一边涂抹，等待几分钟后，挤出的胶便可凝固。

③ 使用结束后需要断电，将胶棒取下保管好并清洗胶枪，以便于下次使用。

---

③ 每小组的组长向大家介绍本组的建造成果并分享经验。

④ 做实验对比。

a. 框架结构材料对比。

实验过程：摸一摸、捏一捏、摇一摇，从材料硬度、框架结构的牢固程度方面进行对比，你觉得哪种材料更适合建造阳光花房的外框架？

实验结果：PVC 管是最结实的，可以根据需要对其进行切割，用它建造阳光花房既方便又美观。用 PVC 弯头做连接既平稳又牢固，它的售价也不贵。

b. 表面覆盖材料对比。

实验过程：将材料放在阳光下看一看，哪种材料的透明度最高？进行洒水测试，比一比哪种材料的防水效果更好？

实验结果：在上述材料中，透明塑料膜能确保光线穿过，韧性好、不易破，防水效果也不错，售价也不贵，是较理想的表面覆盖材料。

（3）发现问题，提出解决方案。

在实验过程中，有学生发现制作的花房太小了，盆栽植物没办法放进去。学生通过讨论，达成共识：制作前要先测量。

同学们,你们在这个环节有什么发现或困惑呢?请记录下来。

任务3 有了前面的制作经验,同学们准备为植物架上的盆栽制作大的阳光花房。为保证制作出来的阳光花房有足够大的空间,需要先进行测量。

(1)过程:利用直尺、卷尺等工具测量植物架的长度、宽度、高度等,并记录(图2.8、图2.9、图2.10)。

图 2.8 测量植物架的长度

图 2.9 测量植物架的宽度

图 2.10 测量植物架的高度

（2）同学们，请将你们测量的结果记录下来吧。

图2.11　部分材料

任务4　合作建造真正的阳光花房。

（1）材料：PVC管、PVC弯头、透明塑料膜、剪刀、夹子、记号笔、防水胶带（图2.11）。

（2）制作过程：

① 搭建阳光花房的框架。

先将阳光花房的主体搭建好，构成一个正方体，再搭建屋顶的框架。具体分为以下三步：a. 长短分类（图2.12）；b. 搭建底部（图2.13）；c. 借助长凳搭建顶部（图2.14、图2.15）。

图2.12　长短分类

图2.13　搭建底部

图 2.14　借助长凳

图 2.15　搭建顶部

② 固定透明塑料膜。

根据实际情况对透明塑料膜进行简易裁剪，然后将其固定到阳光花房表面（图 2.16、图 2.17）。

图 2.16　覆盖透明塑料膜

图 2.17　建造完成

③ 装饰阳光花房。

在阳光花房表面绘制一些图案，对阳光花房进行装饰。

同学们，请将你们在建造过程中的收获和遇到的问题记录下来吧。

环节四　测试与优化

任务　对建造好的阳光花房进行测试与优化。

（1）测试阳光花房的防水效果。

用喷壶模拟下雨，对着阳光花房喷水，每次喷相同时间（1分钟），喷水次数代表喷水量，查看阳光花房是否漏水并记录（表 2.4）。

表 2.4　阳光花房防水测试记录表

喷水次数（喷水量）	有无漏水现象
1	
2	
3	

（2）测试阳光花房的防风效果。

用电风扇模拟大风，对着阳光花房吹，每次吹相同时间（1分钟），吹风次数代表风力，查看阳光花房是否有倾倒现象并记录（表 2.5）。

表 2.5　阳光花房防风测试记录表

吹风次数（风力）	有无倾倒现象
1	
2	
3	

（3）测试阳光花房的保温效果。

全封闭状态，在太阳下放置 10 分钟、20 分钟、30 分钟后阳光花房内的温度分别是多少？

半封闭状态，在太阳下放置 10 分钟、20 分钟、30 分钟后阳光花房内的温度分别是多少？

打开状态，在太阳下放置 10 分钟、20 分钟、30 分钟后阳光花房内的温度分别是多少？

将详细的温度变化填入表 2.6。

表 2.6   温度变化记录表

状态	时长/分钟		
	10	20	30
全封闭			
半封闭			
打开			

同学们，请将你们在测试过程中的收获和遇到的问题记录下来吧。

环节五 展示与评价

(一) 展示作品

展示本小组合作建造的阳光花房。

(二) 作品评价与改进

根据表 2.7 对作品进行评价。

表 2.7 "植物'避风港'"STEM 项目评价量表

评价内容	评价结果		
会安全使用工具进行探索	优秀□	良好□	有待进步□
能积极参加小组合作活动	优秀□	良好□	有待进步□
能积极表达自己的想法并勇于尝试	优秀□	良好□	有待进步□
能与同伴分享解决问题的经验	优秀□	良好□	有待进步□
植物"避风港"的防水效果	优秀□	良好□	有待进步□
植物"避风港"的防风效果	优秀□	良好□	有待进步□
植物"避风港"的保温效果	优秀□	良好□	有待进步□
植物"避风港"较牢固	优秀□	良好□	有待进步□
完成植物"避风港"的建造	优秀□	良好□	有待进步□

你们的阳光花房还需要改进吗？请将创意和想法记录下来吧。

💡 改进与创新

姓名：　　　　　　　　　　　　　　　　　　日期：

环节六　拓展与延伸

阳光花房建造好了，户外的植物也终于有了遮风挡雨的"避风港"。学生又产生了新的想法：有些植物不喜光，有些植物不耐寒，还有些植物喜潮湿……一个花房并不能满足那么多植物的需求，我们可以多建几个功能不一样的花房。于是学生在家长的帮助下查阅了资料，了解了植物角植物的特性，将它们进行了分类。下一步，学生打算根据植物的生长特性来设计花房，丰富花房的功能，满足植物的生长需求。

同学们，请将你们的调查结果记录在表 2.8 中吧。

表 2.8　植物特性调查表

植物（附图）	
喜光指数	☆ ☆ ☆ ☆ ☆
耐寒指数	☆ ☆ ☆ ☆ ☆
喜潮湿指数	☆ ☆ ☆ ☆ ☆
姓名：	日期：

注：根据植物的特性给五角星涂色。

3 下水道探秘

课例内容与教学目标

课例核心内容

1. 课例概述

"下水道探秘"项目源于学生在下雨天发现雨水总是流向窨井盖，于是他们对下水道里的秘密产生了浓厚的兴趣，同时，在日常生活中，学生对马桶和洗水池里的污水的流向也产生了好奇，并且提出臭臭的水会让我们的城市变得臭气熏天。因此，如何将雨水和污水分开，制作一个雨污分流的模型成了热门话题。在本项目的引导下，学生在图纸上记录下水口等的实际位置、绘制图纸、选择合适的材料，并能在建构过程中发现不足，找到更好的方法去完善模型，以此促进深度学习。

2. 本课例的工程挑战任务

设计、制作一种"雨污分流"的下水道系统模型。

3. 建议课时

8课时（40分钟/课时）。

课例教学目标

1. 科学探究

（1）初步了解窨井盖上洞的作用。

（2）初步探究"U"形管道的功能，了解连通器的作用。

2. 技术素养

（1）初步掌握PVC管的连接方法，以及使用直通、三通连接PVC管的方法。

（2）学习PVC管切割的方法，正确使用PVC管钳。

（3）尝试运用不同的辅助材料使整个管道模型更加稳固。

3. 工程目标

（1）尝试设计"雨污分流"下水道系统模型并绘制图纸。

（2）制作"雨污分流"下水道系统模型，并进行测试、优化。

4. 数学领域

（1）测量纸箱上不同位置之间的距离，计算出所需要的PVC管的长度，并选择合适的弯头进行连接。

（2）形成基本的空间思维能力。

教学设计与实施

环节一　问题与聚焦

下雨天，学生发现雨水都沿着窨井盖往下流，水到底流到哪里去了呢？学生对此十分好奇。于是，在午后散步时，老师带领学生们再次来到窨井盖周边进行观察，并围绕窨井盖展开了讨论（图 3.1）。

图 3.1　围圈讨论

多多：为什么窨井盖是圆形的？

可乐：窨井盖为什么有不同的形状？

豆豆：窨井盖下面有什么？

东东：窨井盖上的洞有什么用？

同学们，你们在哪里见过这样的窨井盖？请仔细观察并讨论它的作用吧。

环节二　调查与分析

任务 1　探究窨井盖上洞的作用及窨井盖的形状。

（1）材料：窨井盖模拟实验盒、方形井盖、圆形井盖、三角形井盖、筷子（图 3.2）。

（2）活动过程：

① 试一试，哪种形状的窨井盖最合适。

将方形、圆形、三角形的井盖分别放到窨井盖模拟实验盒上（图 3.3），转一转井盖，看看有什么发现（图 3.4）。

图 3.2　材料

图 3.3　实验过程

图 3.4　观察记录

同学们，请对不同形状的窨井盖展开探索，并记录下你们的发现（表 3.1）。

表 3.1　窨井盖模拟实验盒观察记录表

井盖形状	观察记录
长方形井盖	
正方形井盖	
三角形井盖	
圆形井盖	

② 将一根筷子插进窨井盖的洞里，试着把盖子撬起来（图 3.5）。说一说你们的感受，体会洞的作用。

图 3.5　撬起井盖

知识链接

　　城市中有许多地下管道，比如下水道、地下煤气管道、自来水管道等，这些管道每隔一段就要有一个通向地面的出口，由管道到地面的这一段称为窨井，窨井口通常与地面平齐，因此需要一个盖子盖住窨井口，而用来盖窨井口的盖子，就叫窨井盖。

　　窨井盖上洞的作用：一是便于用工具（如钩子）打开窨井口；二是使窨井中的有害气体逐渐挥发，确保工作人员进入窨井中工作时的人身安全。

　　为什么大多数窨井盖是圆形的？首先，圆形利于排水，而且它和整个下水道是配套的，便于施工。其次，圆形的承压能力比其他形状强，受力均匀，较为安全。最后，圆形窨井盖可以滚动搬运，而其他形状的井盖有棱角，不易滚动且容易造成伤害。

任务 2　寻找生活中的管道。

窨井盖下面藏着什么呢？请同学们探究窨井盖下面藏着的秘密吧！

（1）寻找管道。同学们分成三组寻找下水管道，分别探究并记录教室内外、家里的一段管道的形状。同学们在观察过程中应注意安全。

（2）科学探究：下水管道弯曲的
秘密。

有学生发现许多下水管都有一段是
弯弯的，这是为什么呢？

① 实验材料：一段软管（模拟
"U"形连通器）、水杯、水槽（图3.6）。

② 实验过程：

a. 将软管调整至下水管道的形状，
形成"U"形连通器（图3.7）。

图 3.6 连通器实验材料

b. 将水从管道一端倒进，上下移动两端管口，观察管道中的水是如何流动的。

c. 将软管做成"S"形连通器，模拟下水管道，从一端不断倒进水（图3.8），
再观察现象。

d. 将在"U"形连通器和"S"形连通器中观察到的现象记录在表3.2中。

图3.7 U形连通器

图3.8 实验探究

表 3.2　连通器实验观察记录表

连通器	我发现了……
"U" 形连通器	
"S" 形连通器	

知识链接

连通器是指上端开口不连通，下端连通的容器。下水管做成弯曲的形状，就形成了一个连通器。将液体倒入连通器中，可以发现液体始终保存在连通器的存水弯中。在液体不流动的情况下，连通器内的液面总保持相平。如图 3.9 所示，当上面的水管不使用时，没有水流入下水管中，弯曲水管中的 A、B 管的水平面相平，这样可以阻止下水道里污水的臭气上升；当上面的水管使用时，水流入下水管内，由于 A 管液面升高，A、B 管的液面不平，产生压强差，水开始流动，从而使污水流走。

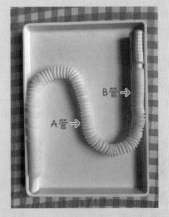

图 3.9　A、B 管

环节三 设计与制作

任务 设计、制作"雨污分流"下水道系统模型。

（1）绘本阅读。学生通过阅读绘本《下水道历险记》（图3.10）能够了解"雨污分流"的概念，知道每个出水口通过管子连接都是相通的，污水会通过化粪池流进污水处理厂，而雨水会通过雨水管道流进附近的小河里。

图 3.10 绘本阅读

> **知识链接**
>
> "雨污分流"是一种排水方式，是将雨水和污水分开，各用一条管道进行排放或后续处理的排放方式。雨水通过雨水管网直接排入河道，污水则通过污水管网被收集后，送到污水处理厂进行处理，避免直接进入河道造成污染。雨水的收集利用和污水的集中管理排放，可降低水量对污水处理厂的冲击，保证污水处理厂的处理效率。

（2）观察记录。观察厨房、卫生间的下水口，操场的窨井盖，小菜地的化粪池的出水口分布及化粪池位置，并进行记录、分享与交流（图3.11、图3.12）。

图 3.11 观察记录

图 3.12 分享交流

（3）设计方案。学生在观察、讨论中设计与修改方案，最终确定设计图纸，并在纸箱上标注"雨水井""污水井""化粪池",以及出水口位置(图 3.13)。

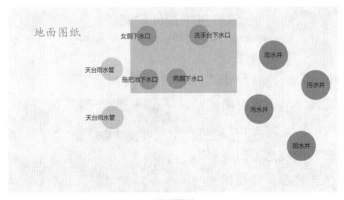

(a) 地面图纸

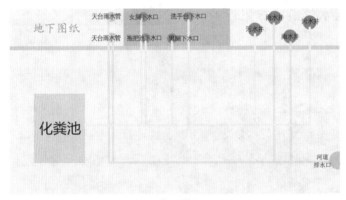

(b) 地下图纸

图 3.13　设计图纸

(4)选择材料。纸箱、PVC 管、PVC 弯头、笔、卷尺、彩色胶带(图 3.14、图 3.15)。

图 3.14　挑选材料

图 3.15　搭建材料

（5）搭建模型。用黄色和绿色的胶带为"雨水管"和"污水管"做标记，正式开始"雨污分流"工程的搭建。

① 将"雨水管"插入天台下水口和雨水井，将"污水管"插入男、女厕下水口，拖把池下水口，洗手台下水口以及污水井（图3.16）。

② 观察、测量所需的 PVC 管的长度，使用 PVC 管钳切割掉多余的部分，可以反复尝试连接并修改（图3.17至图3.19）。

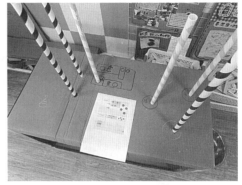

图 3.16 插入水管

图 3.17 测量管道　　　　　图 3.18 做好标记　　　　　图 3.19 用 PVC 管钳切割

③ 使用 PVC 弯头将长度合适的"污水管"连接在一起，然后将排水口接到模拟化粪池的盆中，再将长度合适的"雨水管"用 PVC 弯头连接再一起，最后将排水口接到流向小河的盆中（图3.20、图3.21）。

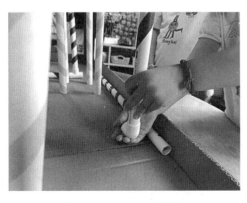 

图 3.20 PVC 弯头连接　　　　　　　　　图 3.21 管道连接

④ 将所有 PVC 弯头处用胶带包裹，确保不脱落（图3.22、图3.23）。

图 3.22　包裹接口

图 3.23　包裹完成

⑤ 将污水（黄色颜料水）从污水下水口倒入，观察污水是否流入"化粪池"中（图 3.24、图 3.25）；再将雨水（蓝色颜料水）从雨水口倒入，观察雨水是否流入"小河"中（图 3.26、图 3.27）。

图 3.24　倒入污水

图 3.25　流入"化粪池"

图 3.26　倒入雨水

图 3.27　流入"小河"

知识链接

PVC 管钳的使用方法：在使用 PVC 管钳之前，先在 PVC 管上标注出需要切割的位置，然后打开 PVC 管钳的锁扣，将 PVC 管放在管钳的半圆弯口处，对准切割位置夹紧，开始切割，用力夹的同时可以转动 PVC 管，这样更易切割（图 3.28）。

图 3.28　PVC 管钳的使用方法

请将你们搭建的下水道展示出来吧。

环节四　测试与优化

任务　对制作好的"雨污分流"下水道系统模型进行测试并优化。

（一）测试

（1）下水道是否能正常流出水？若出现漏水现象，应该怎么办？

_____

_____

（2）能否成功完成雨水和污水的分流？水流流速如何？

_____

_____

（3）模型的结构是否稳定？若发现模型晃动，应该如何处理？

_____

_____

（4）能否节省材料？计算管道和接头的使用数量，可不可以减少？

_____

_____

（二）优化

（1）在上述测试过程中，你们发现了哪些问题？请记录下来。

（2）针对以上提出的问题，你们有什么优化方法？请记录下来。

环节五　展示与评价

（一）展示作品

各小组展示自己的作品，介绍作品的特点、优点和不足，其他小组对作品进行点评。

（1）请将你们的作品展示出来。

（2）其他小组的点评意见。

（3）反思。

（二）作品评价

根据表 3.3 对作品进行评价。

表 3.3 "下水道探秘" STEM 项目评价量表

评分项目	评分标准			项目评分
	1 分	2 分	3 分	
分析与设计	只是口头表达，缺少文字和设计图	有文字和图画说明，但是缺少数据标识	设计图中有详细的数据标识，对使用的材料及用量有详细的分析	
分工合作	分工不明确，组织混乱	有基本的分工，但分工不够具体	人人参与	
工具使用	在老师的帮助下使用工具	会安全使用测量工具和切割工具	能熟练地使用测量工具和切割工具	
展示说明	展示说明不够详细	展示说明详细，但展示手段单一	展示详细，逻辑清晰，且展示手段丰富	
合理创新	设计不合理	设计有一定的创新性	设计新颖合理	
总得分				

环节六　拓展与延伸

　　"雨污分流"技术的推进，使得我国城市、乡村环境日益改善，河里的水更清，不再发出难闻的臭味。雨水则很快通过地下管道流入河流或被利用，大大提高了地表水的利用率。"雨污分流"技术的投入使用让水环境得以改善，人们的幸福感和获得感也随之提升。

　　"海绵城市"是新一代城市雨洪管理概念，是指城市能够像海绵一样，在适应环境变化和应对雨水带来的自然灾害等方面具有良好的"弹性"。"海绵城市"是在"雨污分流"的基础上，优化利用雨水的一种方式，能够解决城市内涝问题，感兴趣的同学可以去了解一下哦！

4

葡萄小卫士

课例内容与教学目标

课例核心内容

1. 课例概述

"葡萄小卫士——设计智能喷药装置"项目源于学生在葡萄园实地调查中发现给葡萄喷洒农药的工作量大。本项目通过聚焦实际问题,在核心问题的驱动下,让学生了解搭支架的基本知识和各种喷淋材料的功能,以及工程项目开展的一般步骤,会结合开源硬件编写程序,帮助人们高效地进行智能化管理。教师以科学探究、工程设计、数学计算、编写程序、系统测试等知识为切入点,更好地帮助学生提升解决问题的能力。

2. 本课例的工程挑战任务

为葡萄架(模型)设计、制作一个智能喷药装置。

3. 建议课时

8课时(40分钟/课时)。

课例教学目标

1. 科学探究

(1)认识到不同形状的结构的稳固性不同,以及三角形结构不容易变形。

(2)了解各种喷头、软管等喷淋材料的连接方式和作用。

2. 技术素养

(1)利用开源硬件编写程序,并学习程序中的逻辑判断等基本算法。

(2)使用剪刀、卷尺、老虎钳、手锯等工具制作喷药装置。

3. 工程目标

通过对喷淋装置的搭建、修改与完善,培养学生整体建构能力、设计能力、绘图能力和动手实践能力。

4. 数学领域

(1)对模型各部分的尺寸进行测量与计算。

(2)对工程造价进行科学的评估并能做出决策。

教学设计与实施

环节一　问题与聚焦

　　寒假期间，学校科技社团开展了"关注身边美好，领略家乡文化"的活动，教师带领学生前往农业园了解葡萄种植的情况。

　　在交流过程中，学生了解到病虫害对葡萄植株的生长发育及葡萄的产量、品质影响很大。"预防为主，综合防治"是葡萄病虫害防治的基本原则。只有在葡萄生产中预先喷药保护，才能有效地控制病虫害，达到提高产量、质量，保护环境和人民健康的目的。

　　学生发现葡萄在生长过程中需要多次喷药，每次几十个大棚的喷洒工作量对工人们来说是一个巨大的工程，工人们常累得直不起腰。

　　针对这个问题，学生提出如果能设计出一个智能喷药系统代替人工喷药，让喷药过程变得轻松而高效，这样该多好啊！

　　同学们，针对这个问题，你们有什么好的建议吗？请尽情去探索吧，把你们的想法记录下来。

环节二　调查与研究

任务1　探究不同结构平面支架的稳固性。

(一) 思考问题

折叠凳（图4.1）、折叠梯子（图4.2）在结构上有什么共同特点？为什么要设计成这样的结构？

图4.1　折叠凳　　　　　　　　　图4.2　折叠梯子

你们的想法：_____

_____

(二) 探究活动

(1) 利用以下材料分别搭建出三角形、正方形、五边形、六边形，并拉伸几下试试，看看有什么发现。

材料：吸管（图4.3）、透明胶带（图4.4）、剪刀（图4.5）。

图4.3　吸管　　　　　　图4.4　透明胶带　　　　图4.5　剪刀

你们的发现：_____

_____

（2）对于容易变形的支架，请你们想一想办法，使它变得稳定、牢固。

你们的办法：_____

_____

（3）比一比谁搭的支架最稳定。

活动要求：吸管数量不超过 20 根，支架必须能独立在桌上立稳，顶端能放置尽量多的书本。

你们的发现：_____

_____

知识链接

　　三角形具有稳固、坚定、耐压的特点，当三角形三条边的长度均确定时，三角形的面积、形状也能确定，这个性质叫作三角形的稳定性。像四边形这样不稳定的形状，只要将其分解成若干个三角形就可以大幅度提升其稳定性和支撑能力。

任务 2　学习常见工具的使用方法。

探究活动

选择合适的工具把竹子等分成 3 段、铁丝截成等长的 2 段。

材料：竹竿（图 4.6）、铁丝（图 4.7）、卷尺（图 4.8）、记号笔（图 4.9）、护目镜（图 4.10）、手套（图 4.11）、老虎钳（图 4.12）、手锯（图 4.13）。

图 4.6　竹竿

图 4.7　铁丝

图 4.8 卷尺

图 4.9 记号笔

图 4.10 护目镜

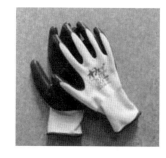

图 4.11 手套

图 4.12 老虎钳

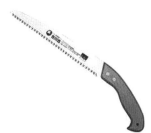

图 4.13 手锯

（1）用手锯、卷尺、记号笔将竹子等分成 3 段。

① 利用卷尺量出所需要的长度，并用记号笔标注。

② 带好护目镜、手套等护具。

③ 检查手锯是否牢固且保证锯条安装正确，防止锯条折断或锯缝歪斜。

④ 左手扶住竹竿，右手拿手锯。手锯与竹竿呈 45°，起锯。起锯角度要正确，姿势要自然。

⑤ 锯割时，思想要集中，防止锯条折断而从锯弓中弹出伤到他人。

⑥ 当快要锯断时，速度要慢，压力要小，并用左手扶住将要被锯断落下的部分。

你学会怎么使用工具将竹子等分成 3 段了吗？试一试，说说感受吧。

（2）用老虎钳、卷尺、记号笔将铁丝截成等长的2段。

① 利用卷尺量出所需的长度，并用记号笔标注。

② 带好护目镜、手套等护具。

③ 检查老虎钳是否牢固。

④ 左手拿住铁丝，右手握住老虎钳。

⑤ 使用老虎钳的铡口来切断铁丝。

你学会怎么使用工具将铁丝截成等长的2段了吗？试一试，说说感受吧。

任务3 学习快速捆绑的小窍门。

（1）利用绳子捆绑固定两根竹竿。

① 两根竹竿呈"十"字形摆放，将绳子绕过一根竹竿（图4.14）。

② 将绳子在"十"字形竹竿上缠一个"叉"形（图4.15）。

③ 将绳子穿过这个"叉"（图4.16）。

④ 收紧绳子（图4.17）。

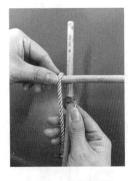   

图4.14 将绳子   图4.15 缠"叉"形   图4.16 绳子穿过   图4.17 收紧绳子
绕过一根竹竿

（2）利用铁丝捆绑固定两根竹竿。

① 先将铁丝绕一个圈（图4.18）。

② 将铁丝缠绕在呈"十"字形摆放的竹竿上（图4.19）。

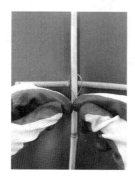

图4.18　铁丝绕圈　　　　图4.19　铁丝缠绕

③ 将螺丝刀穿过铁丝（图4.20）。

④ 利用螺丝刀拧紧铁丝（图4.21）。

图4.20　螺丝刀穿过铁丝　　　　图4.21　拧紧铁丝

（3）尝试用多种方法将两根竹筷子牢牢地捆绑在一起。

材料：竹筷子、扎带、麻绳、细铁丝、手套、护目镜、剪刀、老虎钳。

你们成功了吗？捆绑效果如何？

任务4　认识掌控板、扩展板及超声波传感器。

（1）认识掌控板（图4.22）。

掌控板是开展编程教育的好帮手，也是创客、编程爱好者的创作工具。掌控板集成了ESP32主控芯片及各种传感器和执行器，同时使用金手指的方式引出了所有

IO 口，性能强劲，扩展性强。

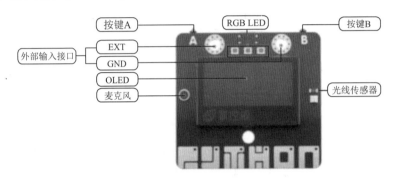

图 4.22　掌控板

（2）点亮掌控板屏幕上方自带的三个 LED 灯。

① 通过 USB 数据线将掌控板与电脑相连（图 4.23）。

图 4.23　掌控板与电脑相连

② 打开 Mind+软件，连接设备并切换到"上传模式"（图 4.24）。不同掌控板连接到电脑后，COM 口后面的数字不同。

图 4.24　打开 Mind+软件

③ 单击 Mind+软件界面左下方的"扩展"，在"主控板"中选择"掌控板"（图 4.25）。

图 4.25 选择"掌控板"

④ 返回 Mind+主页面，编辑以下程序，并上传到掌控板中（图 4.26）。

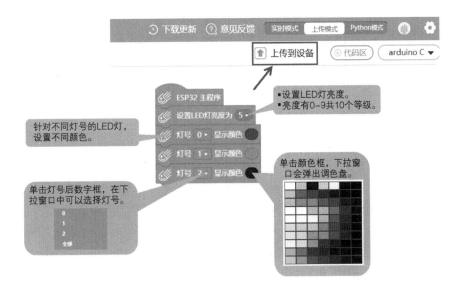

图 4.26 编写程序并上传

⑤ 自己动手试一试吧。

（3）认识扩展板（图 4.27）。

扩展板是一种能将掌控板输入、输出接口引出，方便接线的一种设备。

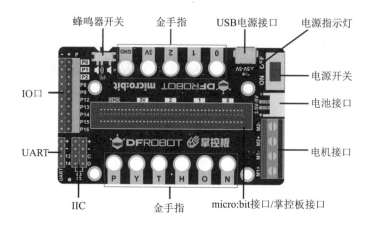

图 4.27　扩展板

将掌控板的 OLED 屏幕的那一面，对着扩展板的"掌控板"图标方向插入，即可连接掌控板和扩展板（图 4.28）。

（4）认识超声波传感器。

图 4.28　连接掌控板
与扩展板

超声波传感器是将超声波信号转换成其他能量信号（通常是电信号）的传感器（图 4.29），广泛应用在工业、国防、生物医学等领域。超声波发射器发出超声波，超声波遇到障碍物发生反射，超声波接收器接收到反射波，从而使传感器检测到障碍物，根据发送超声波和接收到反射波的时间差，可计算出障碍物与超声波传感器的距离（图 4.30）。

图 4.29　超声波传感器

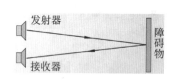

图 4.30　超声波传感器

超声波传感器与扩展板可通过杜邦线连接起来，具体接线方式是 TRIG 连接 P0，ECHO 连接 P2，+5V 连接 IO 口的正极（+），GND 连接 IO 口的负极（−）（图 4.31）。

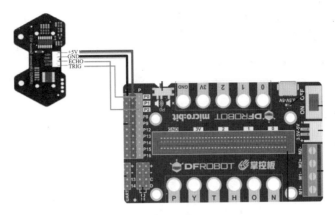

图 4.31 连接方式

使用超声波传感器测距的具体操作步骤如下：

① 首先将掌控板与扩展板相连，然后将其与电池盒、超声波传感器相连，最后通过 USB 数据线将掌控板连接到电脑上（图 4.32）。

图 4.32 连接硬件

② 打开 Mind+ 软件，连接设备并切换到"上传模式"（图 4.24）。

③ 单击 Mind+ 软件界面左下方的"扩展"，在"主控板"中选择"掌控板"（图 4.25）。

④ 在"扩展板"中选择"掌控扩展板"（图 4.33）。

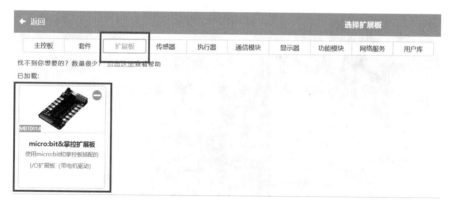

图4.33 选择"掌控扩展板"

⑤ 在"传感器"中选择"超声波测距传感器"（图4.34）。

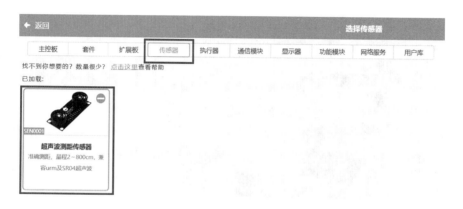

图4.34 选择"超声波测距传感器"

⑥ 返回Mind+主页面，编辑以下程序，并上传到掌控板中（图4.35）。

图4.35 编写程序并上传

⑦ 动手试一试，分别测量出超声波传感器与墙面和桌面的距离（图4.36、图4.37）。将超声波传感器测量的结果记录在表4.1中。

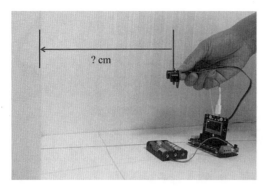

图 4.36　测量超声波传感器与墙面的距离

图 4.37　测量超声波传感器与水面的距离

表 4.1　测量结果记录

超声波传感器与墙面的距离/cm	超声波传感器与水面的距离/cm

（5）请利用所学知识，完成以下任务：当超声波传感器测距值≤10 cm 时，掌控板的 3 个 LED 灯亮蓝色。当超声波传感器测距值>10 cm 时，掌控板的 3 个 LED 灯亮红色。

① 写出核心算法。

如果超声波传感器测距值≤10 cm，掌控板的 3 个 LED 灯亮蓝色，否则掌控板的 3 个 LED 灯亮红色。

② 画出程序流程图（图 4.38）。

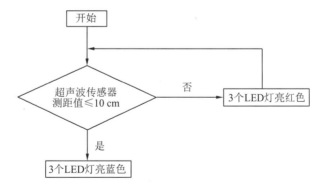

图 4.38　程序流程图

③ 编写程序，并上传到掌控板中（图 4.39）。

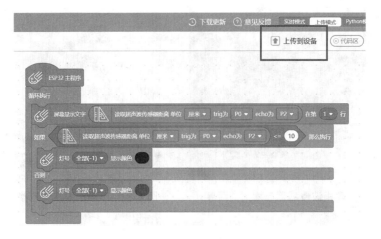

图 4.39 编写程序并上传

④ 动手试一试，看看运行效果如何。

环节三 分析与设计

任务1 思考问题，并设计思维导图。

（一）思考问题

（1）你们打算设计一种什么样的装置来喷药？

你们的想法：＿＿＿＿＿＿＿＿＿＿＿＿＿＿＿＿＿＿

＿＿＿＿＿＿＿＿＿＿＿＿＿＿＿＿＿＿＿＿＿＿＿＿

（2）你们打算将装置设计成什么样的结构？

你们的想法：＿＿＿＿＿＿＿＿＿＿＿＿＿＿＿＿＿＿

＿＿＿＿＿＿＿＿＿＿＿＿＿＿＿＿＿＿＿＿＿＿＿＿

这种结构的优点：＿＿＿＿＿＿＿＿＿＿＿＿＿＿＿＿

＿＿＿＿＿＿＿＿＿＿＿＿＿＿＿＿＿＿＿＿＿＿＿＿

（3）装置中的每个部分分别有什么样的功能？

你们的想法：＿＿＿＿＿＿＿＿＿＿＿＿＿＿＿＿＿＿

＿＿＿＿＿＿＿＿＿＿＿＿＿＿＿＿＿＿＿＿＿＿＿＿

每部分的功能：＿＿＿＿＿＿＿＿＿＿＿＿＿＿＿＿＿

＿＿＿＿＿＿＿＿＿＿＿＿＿＿＿＿＿＿＿＿＿＿＿＿

（4）能不能设计一种自动喷洒药液的智能装置？

你们的想法：＿＿＿＿＿＿＿＿＿＿＿＿＿＿＿＿＿＿

＿＿＿＿＿＿＿＿＿＿＿＿＿＿＿＿＿＿＿＿＿＿＿＿

（5）你们觉得有哪些困难？

请列出来：＿＿＿＿＿＿＿＿＿＿＿＿＿＿＿＿＿＿＿

＿＿＿＿＿＿＿＿＿＿＿＿＿＿＿＿＿＿＿＿＿＿＿＿

（二）设计思维导图

参照图4.40和图4.41画出思维导图。

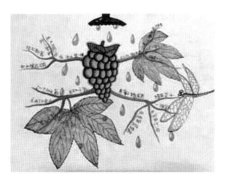

图 4.40　思维导图示例 1

图 4.41　思维导图示例 2

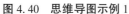

任务 2　设计整体装置。

（1）第一次设计（画图并阐述设计意图）。

（2）小组交流，从功能性和美观性两方面互相评价，各小组记录其他小组对本小组的评价（表4.2）。

表 4.2　设计评价表

评价小组	功能性 (☆☆☆☆☆)	美观性 (☆☆☆☆☆)

注：打星表示功能性和美观性。

（3）你们打算如何修改？

（4）第二次设计（画图并阐述设计意图）。

提醒：设计师在设计过程中要精准测量各项数据，并标注在设计图中。

（5）对比第一次与第二次的设计图，谈谈两次设计有什么不同。

环节四　选材与制作

任务　选择合适的材料制作喷药装置。

（1）了解各种材料的单价（图 4.42）。

| 单个喷头
1.1元/个 | 小号三通
0.6元/个 | 大号三通
0.9元/个 | 大转小三通
0.7元/个 | 底座三通
0.6元/个 | 增压泵
98元/个 |

| 细管 粗管
1元/米 2元/米 | 麻绳
0.6元/米 | 堵头
0.1元/个 | 扎带
0.1元/根 | 竹子
1元/根 | 铁丝
0.1元/根 |

图 4.42　各种材料的单价

（2）你们将选择哪些材料制作喷药装置？说说你们选择这些材料的原因。

_____

_____

（3）根据设计图，对已有葡萄架模型的高度、长度、宽度进行测量（图 4.43），计算出所需要的材料数量，并进行工程估价。

图 4.43　葡萄架模型

① 喷药装置放在哪里？需要的材料数量各是多少？你们是怎么计算的？

_____

_____

② 本次建造喷药装置大约需要花费多少钱？请将选择材料的数量填入图 4.44。

_____

_____

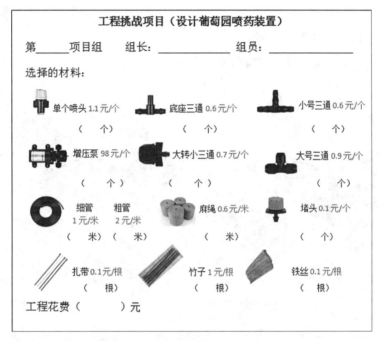

图 4.44　喷药装置工程造价

（4）搭建喷药装置时，你们用到了什么工具（图 4.45）？你们是怎么操作的？

_____

_____

图 4.45　选择工具

（5）实际搭建过程如下。

① 根据葡萄架模型的尺寸，用卷尺测量所需竹竿的长度，借助手锯等工具进行截取，使用过程中注意安全（图4.46）。

② 根据设计图纸，在需要安装喷药装置的位置用竹竿搭建支架，并用麻绳、铁丝或扎带等材料将其与葡萄架进行捆绑固定（图4.47）。

③ 在"材料超市"中选择所需材料（如单个喷头、小号三通、大号三通、底座三通、增压泵、细管、粗管、堵头等），并用卷尺、剪刀等工具对所选材料进行加工和组装（图4.48）。

④ 用捆绑材料将组装好的喷药装置与竹竿支架进行固定，并调整好喷头的角度（图4.49）。

图4.46　截取固定长度的竹竿

图4.47　用竹竿搭建支架

图4.48　加工、组装喷药装置

图4.49　安装、固定喷药装置

环节五　测试与反思

任务　对设计的喷药装置进行测试并优化。

（1）将小苏打与自来水混合，配制检测液（模拟农药）（图4.50）。

（2）每组用pH试纸包裹葡萄架上的叶片。

实验说明：配制的检测液接触pH试纸可使pH试纸变色，因此，若包裹叶片的pH试纸变色，则证明喷药装置的检测液能够喷洒到该叶片。

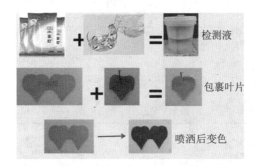

图4.50　配制检测液和用pH试纸包裹叶片

（3）测试：开启喷药装置的电源，时间为1分钟，仔细观察哪一组设计的喷药装置能喷洒到更多的叶片。整个测试过程请戴好口罩、眼罩（图4.51）。

图4.51　测试过程

（4）填写喷淋成功率统计表（表4.3）。

表 4.3　喷淋成功率统计表

组号	叶片总量	变色的叶片数量	成功率	工程实际造价
	（　　）片	（　　）片	（　　）%	（　　）元

（5）反思与优化。

思考如何提高农药喷洒的覆盖率，填写表4.4。

表 4.4　反思与优化方案

组号	反思	优化

环节六　优化与改进

任务　使用超声波传感器并编写程序，对喷药装置进行智能控制。

（1）在防治病虫害的过程中，为了减少人力成本且提高工作效率，你们希望喷药装置具有哪些智能化的功能？

小明同学是这样思考的：

① 当桶内装满农药时，掌控板亮 3 个绿灯，喷淋装置开始喷洒。

② 当桶内农药量剩余一大半时，掌控板亮 3 个蓝灯，喷淋装置继续喷洒。

③ 当桶内农药量剩余约一半时，掌控板亮 2 个蓝灯，喷淋装置继续喷洒。

④ 当桶内农药量剩余一小半时，掌控板亮 1 个蓝灯，喷淋装置继续喷洒。

⑤ 当桶内农药量快见底时，掌控板亮 3 个红灯，喷淋装置停止喷洒。

（2）如何实现这些智能控制？以下是小明同学的设计：

① 当超声波传感器测距值<30 cm 时，掌控板亮 3 个绿灯；

② 当超声波传感器测距值≥30 cm 且<40 cm 时，掌控板亮 3 个蓝灯；

③ 当超声波传感器测距值≥40 cm 且<50 cm 时，掌控板亮 2 个蓝灯；

④ 当超声波传感器测距值≥50 cm 且<60 cm 时，掌控板亮 1 个蓝灯；

⑤ 当超声波传感器测距值≥60 cm 时，掌控板亮 3 个红灯。

（3）尝试用 Mind+软件编写程序。

（4）测试：给喷药装置加上智能控制系统后，能实现自动喷洒和停止吗？

① 桶内无农药时，超声波传感器测到的数值是多少？

_____

② 桶内装满农药时，超声波传感器测到的数值是多少？

_____

③ 当掌控板的 LED 灯全部亮蓝色时，装置能立刻开始工作吗？

_____

④ 掌控板的 LED 灯会随着水位的下降而发生变化吗？

_____

⑤ 当掌控板的 LED 灯全部亮红色时，装置能立刻停止工作吗？

_____

环节七　展示与评价

(一) 展示作品

展示作品并进行汇报。

(二) 作品评价

根据表 4.5 对作品进行评价。

表 4.5 "葡萄小卫士" STEM 项目评价量表

评分项目	评分标准			项目评分
	1 分	2 分	3 分	
分析与设计	只是口头表达，缺少文字和设计图	有文字和设计图说明，但缺少数据标识	设计图有详细的数据标识，对使用的材料及用量有详细的分析	
分工合作	分工不明确，组织混乱	有基本的分工，但分工不够具体	人人参与	
制作成本	没有控制成本的环节	考虑到工程成本，但不够详细	有具体的材料清单，以及价格列表	
喷洒效果	农药覆盖率低于 50%	农药覆盖率介于 50%~94%	农药覆盖率高于 94%	
展示说明	展示说明不够详细	展示说明详细，但展示手段单一	展示说明详细，逻辑清晰，且展示手段丰富	
合理创新	设计不合理	设计有一定的创新性	设计新颖合理	
总得分				

(三) 连线未来

对于未来的喷药装置，你们还有什么更好的创意？请呈现出来。

5 广场舞噪声杀手

课例内容与教学目标

● 课例核心内容

1. 课例概述

"广场舞噪声杀手——设计小区智能化降噪屏障"项目源于学生发现小区每晚开展的广场舞活动制造了很多噪声，影响他人学习与休息。为了降低噪声，教师引导学生设计合理地降低噪声的方案，鼓励学生通过相互合作设计制作一种智能化的降噪屏障。本项目通过聚焦实际问题，在核心问题的驱动下，让学生了解声音产生的原因和声音传播的基本知识，各种吸声材料的特性，以及工程项目开展的一般步骤，并且知道利用开源硬件编写程序可以使项目智能化。通过科学探究、工程设计、数学计算、编写程序、系统测试，达到提升学生跨学科素养和解决问题的能力的目的。

2. 本课例的工程挑战任务

给小区广场（模型）设计、制作一个带智能提醒装置的降噪屏障。

3. 建议课时

8 课时（40 分钟/课时）。

● 课例教学目标

1. 科学探究

（1）了解声音产生的原理，知道声音在不同介质中的传播速度不一样。

（2）了解泡沫塑料、吸声板、海绵等不同吸声材料的特性。

2. 技术素养

（1）利用开源硬件与传感器互动编程，学习程序中的基本算法。

（2）使用小刀、直尺、热熔枪等工具进行简单的工程制作。

3. 工程目标

通过对降噪装置的设计、搭建、修改与完善，培养学生拆解问题的能力、系统思考的能力和化繁为简的能力。

4. 数学领域

（1）对广场和居民楼模型各部分尺寸进行测量并做降噪的合理规划。

（2）对工程造价进行初步的评估并能做出决策。

教学设计与实施

环节一　问题与聚焦

××学校四年级 3 班的学生周伟，家住在××市喜洋洋小区。他发现，每天晚上有很多人聚集在小区中心广场上跳广场舞，噪声特别大，影响了周围人学习与生活。经过多次沟通，这个问题仍然难以解决。

图 5.1 是周伟家所在小区的分布图，包括内部小区广场和他住的楼幢。针对广场舞噪声大的问题，你能想想办法帮他解决吗？

同学们，你们打算怎么帮他呢？请尽情去探索吧，把你们的想法记录下来。

图 5.1　喜洋洋小区分布图

环节二　调查与分析

任务1　探究声音产生的原因。

（一）思考问题

请大家听一段音乐，你们觉得声音产生的原因是什么？

你们的想法：＿＿＿＿＿＿＿＿＿＿＿＿＿＿＿＿＿＿＿＿＿＿＿＿＿＿

＿＿＿＿＿＿＿＿＿＿＿＿＿＿＿＿＿＿＿＿＿＿＿＿＿＿＿＿＿＿＿＿＿＿＿＿

（二）探究活动

（1）材料：一面小鼓（图5.2）、一对鼓槌（图5.3）、一些小纸屑。

图5.2　小鼓

图5.3　鼓槌

（2）实验过程：

① 将纸屑放在鼓面上，用鼓槌轻敲鼓面（图5.4），你们发现了什么？继续加大力气敲击鼓面，你们又发现了什么？

你们的发现：＿＿＿＿＿＿＿＿＿＿＿＿

＿＿＿＿＿＿＿＿＿＿＿＿＿＿＿＿＿＿＿

＿＿＿＿＿＿＿＿＿＿＿＿＿＿＿＿＿＿＿

② 用食指和中指轻按你的喉结（图5.5），大声说出一句话，此时你的两根手指是否感觉到喉结在振动？当你不再说话时，你的喉结是否还在振动？

图5.4　击鼓

图 5.5 喉结振动

你们的发现：一切正在发声的物体都在＿＿＿＿＿＿＿；＿＿＿＿＿＿＿，停止，发声也停止。

你们觉得声音产生的原因是什么？＿＿＿＿＿＿＿＿＿＿＿＿＿＿

＿＿＿＿＿＿＿＿＿＿＿＿＿＿＿＿＿＿＿＿＿＿＿＿＿＿＿＿＿＿

知识链接

　　声音是由物体振动产生的。当演奏乐器、拍打一扇门或者敲击桌面时，物体的振动会引起空气分子有节奏地振动，使周围的空气产生疏密变化，形成疏密相间的波，这就产生了声波。

任务 2　探究声音传播的秘密。

（一）思考问题

你们觉得声音可以在哪些介质中传播？

你们的想法：＿＿＿＿＿＿＿＿＿＿＿＿＿＿＿＿＿＿＿＿＿＿

＿＿＿＿＿＿＿＿＿＿＿＿＿＿＿＿＿＿＿＿＿＿＿＿＿＿＿＿＿＿

（二）探究活动

（1）对声音在固体中的传播进行探究。

请你的好朋友在桌子一端轻敲桌面，你站在桌子另一端（图 5.6）。你能否听见敲击声？

请你把耳朵贴在桌面的一端，让同学在另一端用手轻敲桌面（图 5.7）。你能否清楚地听到敲击声？

图 5.6 站着听

图 5.7 贴着桌面听

你们的发现：_____

（2）对声音在液体中的传播进行探究。

① 材料：手机（图 5.8）、密封袋（图 5.9）、塑料盆（图 5.10）。

图 5.8 手机

图 5.9 密封袋

图 5.10 塑料盆

② 过程：将正在播放音乐的手机用密封袋密封好并浸入水中（图 5.11）。你站在旁边能否听到手机的音乐声（图 5.12）？

图 5.11 手机密封浸入水中

图 5.12 听声音

你们的发现：_____

> **知识链接**
>
> 声音可以在空气、固体、液体中传播，声音的传播需要介质，声音不能在真空中传播。

任务3 探究常见吸声材料的特性。

（一）思考问题

你们认识哪些能吸声的材料？_____

_____

你们搜集到的关于吸声材料资料：_____

_____

（二）探究活动

（1）测量声音的分贝值并记录。

① 材料：手机（图5.13）、分贝仪（图5.14）、泡沫塑料（20元，图5.15）、吸声板（20元，图5.16）、海绵（20元，图5.17）、小刀、直尺、笔。

图5.13　手机　　　　图5.14　分贝仪　　　　图5.15　泡沫塑料

图5.16　吸声板　　　　　　　图5.17　海绵

② 过程：用手机播放音乐，将分贝仪放置在距离手机 1 米处的位置(图 5.18)，观察此时分贝仪的示数（图 5.19）并记录下来。

图 5.18　测试

图 5.19　分贝仪示数

（2）你们觉得泡沫塑料、吸声板和海绵三种价格相同的材料，哪种吸声效果更好？

① 你们的猜想：_____

_____

② 请设计一个方案并做出模型，并验证自己的猜想（图 5.20）。

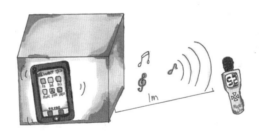

步骤
1. 用泡沫塑料、吸声板或海绵各做一个无盖的长方体盒子。
2. 把播放音乐的手机放置于桌上，将长方体盒子盖在手机上。
3. 将分贝仪放置于距手机一米处，观察其示数并记录下来。
4. 比较一下上面哪种材料的吸声效果更好。

图 5.20　参考方案

③ 实验过程：每次用手机播放音量相同的音乐，用不同材料的模型罩住手机（图 5.21），将分贝仪放置在距离手机 1 米处的位置，观察此时分贝仪的示数（图 5.22）并记录下来。

图 5.21　罩上隔声板测量

图 5.22　罩住手机后的分贝仪示数

④ 填写吸声装置吸声效果测试记录表（表 5.1）。

表 5.1　吸声装置吸声效果测试记录表

材料	吸声装置模型样式	测得分贝值	材料使用情况 （用完/剩多少）
泡沫塑料			
吸声板			
海绵			

你们的发现：_____

知识链接

　　吸声材料大多为疏松多孔的材料，如海绵、毯子等，其吸声原理是材料内孔隙多为内部互相贯通的开口孔，当声波深入材料的孔隙时，在材料内部与材料发生摩擦，使声能转变为热能，从而达到吸声效果。

任务4 了解声音传感器的原理并利用声音传感器测量环境中声音的分贝值。

声音传感器的作用相当于话筒（麦克风），它用来接收声波，显示声音的振动图像。声音传感器能显示声音强度的大小，也能用于研究声音的波形。

（1）材料：掌控板、扩展板、灯带（图 5.23）、声音传感器（图 5.24）。

（2）按图 5.25 所示连接硬件。

图 5.23　灯带

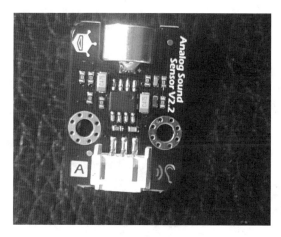

图 5.24　声音传感器

图 5.25　连接硬件

① 将掌控板带有屏幕的那一面对着扩展板的"掌控板"图标方向插入，连接掌控板和扩展板。

② 将声音传感器的三根引脚与扩展板的 IO 口相连，其中黑色的线连接负极，红色的线连接正极，绿色的线连接输入/输出口 P0。

③ 将灯带的三根引脚通过数据线与扩展板的 IO 口相连，其中黑色的线连接负极，红色的线连接正极，绿色的线连接输入/输出口 P9。

④ 将由三节干电池组成的电源用数据线与扩展板相连，用数据线将掌控板与电脑相连。

（3）打开 Mind+软件，编写程序（图 5.26），测环境中声音的分贝值（图 5.27）。

图 5.26　编写程序

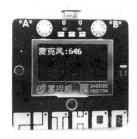

图 5.27　测环境中声音的分贝值

任务 5　编写程序，判断声音范围。

（1）了解噪声限值。《声环境质量标准》（GB 3096—2008）中明确规定了环境噪声最高限值：以居民住宅、医疗卫生、文化教育、科研设计、行政办公为主要功能的区域，昼间 55 dB，夜间 45 dB。

（2）参考以下程序（图 5.28），编写程序判断声音范围。

图 5.28　参考程序

（3）活动思考：你们成功了吗？有什么困惑？

环节三 分析与设计

任务1 思考问题，并设计思维导图。

（一）思考问题

（1）你们打算设计一种什么样的装置来降噪？

你们的想法：_____

_____

（2）你们打算将装置设计成什么样的结构？

你们的想法：_____

_____

这种结构的优点：_____

_____

（3）装置中每个部分分别有什么样的功能？

你们的想法：_____

_____

每部分的功能：_____

_____

（4）你们打算选择什么样的材料进行降噪？

你们的想法：_____

_____

你们需要的材料：_____

_____

（5）能不能设计一种探测声音的智能装置，一旦噪声超出标准就发出警报？

你们的想法：_____

_____

（二）设计思维导图

参照图5.29画出思维导图。

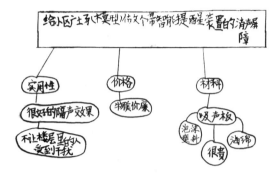

图 5.29　思维导图示例

任务 2　设计整体装置。

（1）第一次设计（画图并阐述设计意图）。

（2）小组交流，从功能性和美观性两方面互相评价，各小组记录其他小组对本小组的评价（表 5.2）。

表 5.2　设计评价表

评价小组	功能性（☆☆☆☆☆）	美观性（☆☆☆☆☆）

注：打星表示功能性和美观性。

（3）你们打算如何修改？

（4）第二次设计（画图并阐述设计意图）。

提醒：设计师在设计过程中要精准测量各项数据，并标注在设计图中。

（5）对比第一次与第二次的设计图，谈谈两次设计有什么不同。

环节四　测量与制作

任务1　测量广场和居民楼模型。

（1）材料：尺、记录表、笔。

（2）测量广场和居民楼模型（图5.30）的相关数据，并记录在表5.3中。此模型中广场尺寸为长28 cm、宽20 cm，三幢居民楼的高度分别为20 cm、15 cm 和15 cm。

图5.30　模型

表5.3　模型的相关尺寸

项目	数值/cm
广场的长度	
广场的宽度	
居民楼的高度	

任务2　选择材料并评估价格。

（1）根据设计图，你们认为选择哪种吸声材料制作降噪屏障比较好？说说这样选择的原因。

_____

_____

（2）根据设计图，对降噪屏障的高度、厚度、长度和宽度进行计算，并对所需材料进行工程估价。

① 降噪屏障各部分的面积是多少？ _____

你们是怎么计算的？ _____

_____

② 评估所需材料的价格。

请通过调查、问价、对比的方式了解你们所选材料的价格。

本次建造大约需要花费多少钱？你们是怎么计算的？

_____

任务3 搭建降噪屏障模型。

（1）材料：直尺、笔、小刀、热熔枪（图5.31）。

（2）搭建方法：

① 测量：根据广场和居民楼模型尺寸在隔声材料中测量出长28 cm、宽20 cm的长方形及边长为20 cm的正方形各两个（图5.32）。

② 用小刀将四个图形裁剪下来（图5.33）。

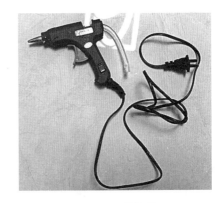

图5.31 热熔枪

图5.32 测量

图5.33 裁剪

③ 用热熔枪将四块隔声材料围成长方体的四个侧面，制作成降噪屏障（图5.34、图5.35）。

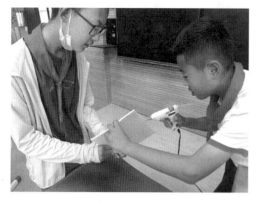

图 5.34　使用热熔枪

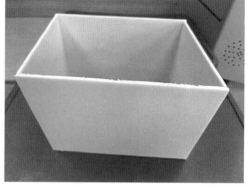

图 5.35　围成长方体

④ 将降噪屏障固定在模型广场上（图 5.36）。

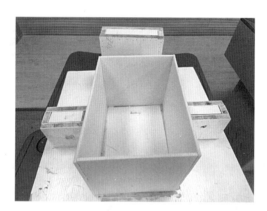

图 5.36　成品

请将你们的作品展示出来。

任务 4　做一个光感智能提示器。

（1）编写程序对降噪屏障进行监测。具体要求如下：当周围环境音量较小时，灯带呈暗色；当音量由小变大时，灯带渐渐变亮；当音量由大变小时，灯带渐渐暗下去。根据灯带的颜色变化对声音的分贝值进行监测。具体步骤如下：

① 连接掌控板、扩展板、声音传感器、闪烁灯带。

② 编写程序流程图。

③ 利用 Mind+软件编写程序（参考图 5.37）。

④ 测试。

图 5.37　参考程序

（2）各组将制作好的降噪屏障进行测试与优化。

① 在模型广场上放置手机并播放音乐，使用降噪屏障前（图 5.38），分贝仪测试的声音分贝值是_____；使用降噪屏障后（图 5.39），分贝仪测试的声音分贝值是_____。

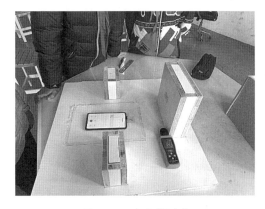

图 5.38　降噪前测试

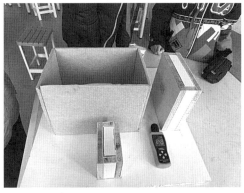

图 5.39　降噪后测试

说说你们的感受。

_____

② 给降噪屏障装上智能提示器（图 5.40），你们成功了吗？

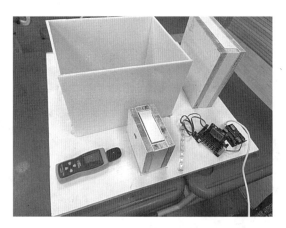

图 5.40　装智能提示器

说说你们的收获吧。

环节五　展示与评价

(一) 展示作品

展示作品 (图 5.41、图 5.42)，并进行汇报。

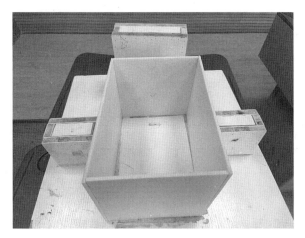

图 5.41　成品一

降噪隔离墙

降噪屏障

图 5.42　成品二

(二) 作品评价

根据表 5.4 对作品进行评价。

表 5.4 "广场舞噪声杀手" STEM 项目评价量表

评分项目	评分标准			项目评分
	1 分	2 分	3 分	
分析与设计	只是口头表达，缺少文字和设计图	有文字和设计图说明，但缺少数据标识	设计图有详细的数据标识，对使用的材料及用量有详细的分析	
分工合作	分工不明确，组织混乱	有基本的分工，但分工不够具体	人人参与	
制作成本	没有控制成本的环节	考虑到工程成本，但不够详细	有具体的材料清单，以及价格列表	
降噪效果	降噪率为 20% 以下	降噪率为 20%~50%	降噪率为 50% 以上	
展示说明	展示说明不够详细	展示说明详细，但展示手段单一	展示说明详细，逻辑清晰，且展示手段丰富	
合理创新	设计不合理	设计有一定的创新性	设计新颖合理	
总得分				

（三）连线未来

对于未来的降噪装置，你们还有什么更好的创意？请呈现出来。

6

保护地球的"肾"

课例内容与教学目标

课例核心内容

1. 课例概述

"保护地球的'肾'——设计制作微型人工湿地系统"项目源于学生发现运河河水污染严重。教师引导学生了解运河近岸的水质情况，并根据运河岸边的地势特点，设计微型人工湿地系统，为改善运河水质做贡献。在本项目中，学生以烧杯、水槽等器材模拟微型人工湿地建造池，通过调查与研究了解污水处理的多种方法，以及制作微型人工湿地系统的一般方法。学生在制作微型人工湿地系统时，通过制订合理的方案、选择合适的材料，使污水通过微型人工湿地系统得以净化；利用开源硬件编写程序，用智能化设备来监测水质。

2. 本课例的工程挑战任务

设计、制作微型人工湿地系统（模型）。

3. 建议课时

8课时（40分钟/课时）。

课例教学目标

1. 科学探究

（1）了解污水处理的不同方法，如吸附、过滤、沉淀、微生物转化分解等。

（2）了解种植根系发达的植物可以帮助过滤污水。

2. 技术素养

（1）利用开源硬件与传感器互动编程。

（2）使用剪刀、直尺、彩色胶带等工具进行简单的工程制作。

3. 工程目标

通过对微型人工湿地系统的设计、修改与完善，培养学生的工程制图能力、工程写作能力及沟通能力。

4. 数学领域

（1）对制作微型人工湿地系统所需的材料进行测量与计算。

（2）对工程造价进行科学的评估并能做出决策。

教学设计与实施

环节一　问题与聚焦

　　在一次 STEM 社团课上，李伟同学提出一个现象：他家住在古运河旁的湾子镇，流淌千年的运河水养育了家乡的人们。今年放寒假时，爷爷带他去运河边钓鱼，他发现运河水脏脏的，有许多垃圾漂浮在水面上，时不时散发出阵阵臭味。爷爷说，曾经这里的水非常清澈，小时候还经常有人在河里游泳呢。可是现在由于人们不注重环保，把许多生活垃圾扔到河里，水质已经大不如前，鱼儿也少了很多。他跟爷爷都感到十分可惜。李伟同学想请学校 STEM 社团的同学们帮忙解决这个问题。

　　同学们，针对这个问题，你们有什么好的建议呢？请尽情去探索吧，把你们的想法记录下来。

环节二　调查与研究

任务1　研究净化水的方法之一——活性炭吸附实验。

（一）探究活动

探究活性炭的吸附作用。

（1）材料：烧杯两个（图6.1）、模拟被污染的水（图6.2）、活性炭（图6.3）和药匙（图6.4）。

图6.1　烧杯　　　　　图6.2　模拟被污染的水

图6.3　活性炭

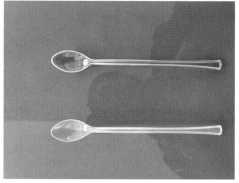

图6.4　药匙

（2）实验步骤：首先，将被污染的水分别倒入两个烧杯中（图6.5），每杯约200 mL；其次，将活性炭倒入其中一个烧杯中（图6.6）；最后，分别振荡两个烧杯（图6.7），仔细观察现象。

图 6.5　倒入被污染的水

图 6.6　加入活性炭

图 6.7　振荡

你们发现了什么？

_____

_____

(二) 思考问题

为什么会有这样的现象发生？活性炭有什么样的奥秘？通过阅读书籍或者利用互联网设备搜索相关的知识，将你们了解到的信息记录下来。

_____

_____

✕ 知识链接

活性炭具有吸附能力，在净化水的过程中，活性炭能吸附水中的有毒有害物质和去除异味。

任务 2 研究净化水的方法之二——明矾吸附实验。

(一)探究活动

探究明矾的吸附作用。

(1)材料：烧杯两个（图 6.8）、模拟被污染的水（图 6.9）、清水（图 6.10）、明矾（图 6.11）和药匙（图 6.12）。

图 6.8 烧杯

图 6.9 模拟被污染的水

图 6.10 清水

图 6.11 明矾

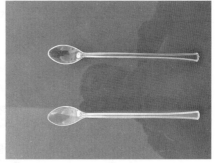
图 6.12 药匙

(2)实验步骤：首先，将被污染的水分别倒入两个烧杯中，每杯约 200 mL（图 6.13）；其次，将明矾倒入其中一个烧杯中，搅拌并静置一段时间，仔细观察（图 6.14）。

图 6.13 倒入被污染的水

图 6.14 搅拌后静置观察

你们发现了什么？

_____

_____

（二）思考问题

为什么会有这样的现象发生？明矾有什么样的奥秘？通过阅读书籍或者利用互联网设备搜索相关的知识，将你们了解到的信息记录下来。

_____

_____

> **知识链接**
>
> 在除去水中的悬浮物时，常用明矾或硫酸铝等凝聚剂，这些凝聚剂可使水中的悬浮物聚集起来，形成较大的颗粒而沉淀，从而起到净化水的作用。

任务3 研究净化水的方法之三——过滤。

（一）探究活动

探究过滤的方法。

（1）材料：塑料瓶（图 6.15）、泥水（图 6.16）、沙子（图 6.17）、彩色胶带（图 6.18）、石子（图 6.19）、棉球（图 6.20）和剪刀（图 6.21）。

图 6.15　塑料瓶

图 6.16　泥水

图 6.17　沙子

图 6.18　彩色胶带

图 6.19　石子

图 6.20　棉球

图 6.21　剪刀

（2）实验步骤：首先，取塑料瓶剪下的上半部分，往瓶口处放入一层棉球（图6.22），再倒入一些干净的沙子和小石子（图6.23）；其次，把塑料瓶的上半部分放到剪下来的下半部分上，用彩色胶带装饰一下剪切口，这样一个简易的净水器就做好了；最后，倒入一杯泥水，检验净水器的效果（图6.24）。

图6.22　放一层棉球

图6.23　倒入干净的沙子、石子

图6.24　倒入泥水检验

你们发现了什么？

（二）思考问题

为什么会有这样的现象发生？通过阅读书籍或者利用互联网设备搜索相关的知识，将你们了解到的信息记录下来。

> **知识链接**
>
> 　　小石子能过滤泥水中大的杂质，沙子能过滤泥水中小的杂质，棉球能过滤水中更微小的杂质。这样，泥水经过层层过滤，流出来的水就变清了。

任务4 研究净化水的方法之四——植物净化水的作用。

(一) 探究活动

探究植物净化水的作用。

(二) 问题思考

通过以上三个实验，再结合实际，思考还有没有其他方法可以净化污水。

你们的想法：_____

_____

通过阅读和交流，重新思考净化水的解决方案，并填写表6.1。

表6.1　阅读单

阅读单			
阅读主题	哪些植物可以净化水质？ 植物又是如何净化水质的？		
通过什么媒介获取该项知识？	网络□	纸质书籍□	有经验的人□
你们的发现			
在班级内交流，认真聆听别人的发现，并记录下你们觉得有价值的信息		

知识链接

水葫芦属于浮水草本，花色是浅蓝色，是园林水景中常见的造景材料。水葫芦能起到净化水质的作用，且对环境的适应能力强，适合栽培在污染严重的水中，生长过程中还能吸收大量的重金属元素。若希望它生长旺盛，则一定要满足其对光照的需求，故应在光照足的池塘、水塘栽培水葫芦。

芦苇的根系发达，对环境的适应能力强，适合栽培在池塘边、江边、湖边等。它的叶片、根茎中的不定根有通气组织，能吸收水中的有害物质，还可净化水质。不仅如此，大面积种植芦苇还有调节气候的作用，能形成有良好湿度的生态环境。

浮萍能吸收水中的重金属元素，还可分解废水中的营养盐类、各种有机污染物等。浮萍喜欢温暖、潮湿的环境，耐寒性极差，适合栽培在湖泊、池沼、水田。它通常和紫萍混生，形成密布水面的漂浮群落，繁殖速度非常快，通常在群落中占优势，会悬浮或者漂浮在水面上。

任务5 了解浊度传感器的功能与使用方法。

（一）思考问题

对于浊度传感器，你们了解哪些知识？

_____

_____

（二）探究活动

探究浊度传感器的功能与使用方法。

浊度传感器的工作原理：当光线穿过一定量的水时，光线的穿透量取决于该水样中污染物的量。当污染物的量增加时，穿透水样的光量随之减少，浊度传感器通过测量透过的光量来计算水样的浊度。小于 10 NTU 为低浊度，11~800 NTU 为中浊度，大于 800 NTU 为高浊度。NTU 指散射浊度单位，表明仪器在与入射光成 90°角的方向上测量到的散射光强度。

（1）材料：掌控板、扩展板、浊度传感器和数模转换器套装（图 6.25）。

图 6.25　浊度传感器和数模转换器套装

（2）按图 6.26 连接硬件。

① 将掌控板带有屏幕的那一面对着扩展板的"掌控板"图标方向插入，连接掌控板和扩展板。

② 将三节电池放入电池盒，接入扩展板端口。

③ 将浊度传感器的一端接入数模转换器。

④ 将数模转换器上的 A/D 开关切换到 A 端。

⑤ 将数模转换器的另一端用杜邦线连接到扩展板。

本项目中的数模端口接法如下：红线接正极、黑线接负极、绿线接 P0 端口。

（3）利用 Mind+ 软件编写程序，完成以下任务。

① 测量当前烧杯中水样的浊度。

② 测量不同水样（干净的水、被中度污染的水、被重度污染的水）的浊度。

参考程序见图 6.27，请上传到 Mind+ 主板中试一试。

图 6.26　连接硬件

图 6.27　输入程序

（4）活动思考：如何进一步监测水质？

环节三　分析与设计

任务 1　思考问题，并设计思维导图。

（一）思考问题

（1）为了解决运河水质差这个问题，你们打算设计一种什么样的装置来净化水？

你们的想法：＿＿＿＿＿＿＿＿＿＿＿＿＿＿＿＿＿＿＿＿＿＿＿＿＿＿＿

＿＿＿＿＿＿＿＿＿＿＿＿＿＿＿＿＿＿＿＿＿＿＿＿＿＿＿＿＿＿＿＿＿＿

（2）整个装置由哪些部分构成？

你们的想法：＿＿＿＿＿＿＿＿＿＿＿＿＿＿＿＿＿＿＿＿＿＿＿＿＿＿＿

＿＿＿＿＿＿＿＿＿＿＿＿＿＿＿＿＿＿＿＿＿＿＿＿＿＿＿＿＿＿＿＿＿＿

这种结构的优点：＿＿＿＿＿＿＿＿＿＿＿＿＿＿＿＿＿＿＿＿＿＿＿＿＿

＿＿＿＿＿＿＿＿＿＿＿＿＿＿＿＿＿＿＿＿＿＿＿＿＿＿＿＿＿＿＿＿＿＿

（3）装置中的每个部分分别有什么样的功能？

你们的想法：＿＿＿＿＿＿＿＿＿＿＿＿＿＿＿＿＿＿＿＿＿＿＿＿＿＿＿

＿＿＿＿＿＿＿＿＿＿＿＿＿＿＿＿＿＿＿＿＿＿＿＿＿＿＿＿＿＿＿＿＿＿

每部分的功能：＿＿＿＿＿＿＿＿＿＿＿＿＿＿＿＿＿＿＿＿＿＿＿＿＿＿

＿＿＿＿＿＿＿＿＿＿＿＿＿＿＿＿＿＿＿＿＿＿＿＿＿＿＿＿＿＿＿＿＿＿

（4）你们打算选择什么样的材料制作这个装置？

你们的想法：＿＿＿＿＿＿＿＿＿＿＿＿＿＿＿＿＿＿＿＿＿＿＿＿＿＿＿

＿＿＿＿＿＿＿＿＿＿＿＿＿＿＿＿＿＿＿＿＿＿＿＿＿＿＿＿＿＿＿＿＿＿

你们需要的材料：＿＿＿＿＿＿＿＿＿＿＿＿＿＿＿＿＿＿＿＿＿＿＿＿＿

＿＿＿＿＿＿＿＿＿＿＿＿＿＿＿＿＿＿＿＿＿＿＿＿＿＿＿＿＿＿＿＿＿＿

（5）能不能设计一种探测水质的智能装置，一旦发现水污染就发出警报？

你们的想法：＿＿＿＿＿＿＿＿＿＿＿＿＿＿＿＿＿＿＿＿＿＿＿＿＿＿＿

＿＿＿＿＿＿＿＿＿＿＿＿＿＿＿＿＿＿＿＿＿＿＿＿＿＿＿＿＿＿＿＿＿＿

（二）设计思维导图

参照图 6.28 画出思维导图。

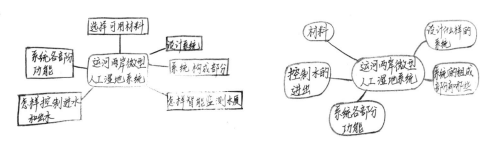

图 6.28　思维导图示例

任务 2　设计整体装置。

（1）第一次设计（画图并阐述设计意图）。

（2）小组交流，从功能性和美观性两方面互相评价，各小组记录其他小组对本小组的评价（表 6.2）。

表 6.2　设计评价表

评价小组	功能性（☆☆☆☆☆）	美观性（☆☆☆☆☆）

注：打星表示功能性和美观性。

（3）你们打算如何修改？

（4）第二次设计（画图并阐述设计意图）。

提醒：设计师在设计过程中要精准测量各项数据，并标注在设计图中。

（5）第二次设计有何改进之处，谈谈你们的想法。

环节四　选择材料

任务　选择合适的材料建造微型人工湿地系统。

（1）你们选择什么样的材料建造微型人工湿地系统？说说原因。

_____

_____

（2）你们按什么顺序铺设这些材料？

_____

_____

（3）你们选择哪些植物种植在人工湿地中？说说理由。

_____

_____

环节五　制作与测试

任务　使用亚克力板制作一个长为 35 cm、宽为 13 cm、高为 18 cm 的微型人工湿地箱。

（一）制作

（1）用直尺测量亚克力板并裁剪 5 块亚克力板，分别是 35 cm×13 cm 一块、18 cm×13 cm 两块、35 cm×18 cm 两块（图 6.29）。

（2）利用针筒吸出瓶中的亚克力胶（图 6.30）。

（3）四人合作搭建长方体微型人工湿地箱，通过针管用亚克力胶粘接两块亚克力板（图 6.31）。

（4）用美工刀切割粘接过程中出现的不平整底边（图 6.32）。使用美工刀和亚克力胶时请注意安全。

（5）把作为正面的亚克力板粘接在正面，作为左侧面的亚克力板粘接在最左面，作为底面的亚克力板粘接在最底部，形成一个长方体的微型人工湿地箱（图 6.33）。

（6）撕去亚克力板上面的里外两层膜，微型人工湿地箱就制作完成了（图 6.34）。

图 6.29　测量并裁剪

图 6.30　吸亚克力胶

图 6.31　胶粘亚克力板

图 6.32　切割一边

图 6.33　继续粘接

图 6.34　成品

（二）测试并填料

（1）在微型人工湿地箱中倒入清水测试（图6.35）。

（2）检查微型人工湿地箱的密封性，发现一处渗水（图6.36）。

（3）大家合作用玻璃胶黏合溢水处（图6.37）。

（4）两人合作，一人固定好微型人工湿地箱，另一人倒入约容器体积1/8的活性炭（图6.38）。

（5）运用同样的方法倒入约容器体积1/8的沙子（图6.39）。

（6）再倒入约容器体积1/8的石子（图6.40），并把倒入的材料表面抚平。

提醒：也可以尝试倒入选择的水生植物。

图6.35 倒入清水测试

图6.36 发现一处渗水

图6.37 用玻璃胶黏合溢水处

图6.38 倒入活性炭

图6.39 倒入沙子

图6.40 倒入石子

环节六　智能化监测水质

任务　对微型人工湿地箱内的水质进行智能化监测，即利用开源硬件编写程序，实现测量水样的浊度，以及当水样浊度超过某一数值时，装置发出警报。

（1）制作水质智能化监测器。

① 材料：掌控板、扩展板、浊度传感器和数模转换器套装、板载蜂鸣器（图 6.41）。

② 按图 6.42 连接硬件。

图 6.41　板载蜂鸣器　　　　图 6.42　水质智能化监测器实物连接图

③ 利用 Mind+软件编写程序，该程序用于监测水样的浊度，以及当水样浊度超过某一数值时，板载蜂鸣器会将音频信号转换为声音信号，从而发出警报。参考程序见图 6.43。

图 6.43　参考程序

（2）测试与反思。

① 测试。

在微型人工湿地箱内分别铺上一层活性炭、沙子、石子，然后将被污染的水倒入微型人工湿地箱，最后利用水质智能化监测器监测水的浊度（图6.44）。

图 6.44　污水测试

净化 10 分钟后，浊度传感器的数值是多少？

_____

净化 1 小时后，浊度传感器的数值是多少？

_____

净化 2 小时后，浊度传感器的数值是多少？

_____

② 经过人工湿地的作用后，水质能否有很大的改变？说说你们的发现。

_____

<h1 style="text-align:center">环节七 展示与评价</h1>

(一) 展示作品

展示成品，并进行汇报。

(二) 作品评价

根据表6.3，对作品进行评价。

表 6.3   "保护地球的'肾'" STEM 项目评价量表

评分项目	评分标准			项目评分
	1 分	2 分	3 分	
分析与设计	只是口头表达，缺少文字和设计图	有文字和设计说明，但缺少数据标识	设计图有详细的数据标识，对使用的材料及用量有详细的分析	
分工合作	分工不明确，组织混乱	有基本的分工，但分工不够具体	人人参与	
制作成本	没有控制成本的环节	考虑到工程成本，但不够详细	有具体的材料清单，以及价格列表	
水质变化	水质变化不明显	水质有变化，但不显著	水质有显著提升	
展示说明	展示说明不够详细	展示说明详细，但展示手段单一	展示说明详细，逻辑清晰，且展示手段丰富	
合理创新	设计不合理	设计有一定的创新性	设计新颖合理	
总得分				

(三) 连线未来

对于未来的人工湿地系统，你们还有什么更好的创意？请呈现出来。

7

为生命护航

课例内容与教学目标

课例核心内容

1. 课例概述

"为生命护航——设计制作坚固的水泥雨棚"项目源于学生在生活中发现部分水泥雨棚存在较大的安全隐患，时有倒塌事件发生，造成人员伤亡和财产损失。为了解决这一安全隐患，需要设计坚固的新型水泥雨棚，旨在当水泥雨棚位置发生变化时发出警告，提醒周围的人们紧急避险，进而保护人民群众的生命安全。本项目聚焦生活中的实际问题，在核心问题的驱动下，让学生了解水泥雨棚的组成结构、制作水泥雨棚的材料及各种材料的特点，学习三轴加速度传感器的使用方法，探究制作坚固且具有智能预警功能的水泥雨棚的方法。

2. 本课例的工程挑战任务

设计、制作坚固且具有智能预警功能的水泥雨棚。

3. 建议课时

8 课时（40 分钟/课时）。

课例教学目标

1. 科学探究

（1）熟悉制作水泥雨棚的材料；掌握混凝土和钢筋混凝土的制作方法。

（2）探究影响水泥雨棚坚固程度的因素。

2. 技术素养

（1）利用信息技术检索混凝土、钢筋混凝土、水泥雨棚结构的相关知识，并利用互联网解决探究过程中遇到的问题。

（2）利用开源主控与传感器编写智能预警程序。

（3）使用老虎钳、剪刀、放大镜等工具进行简单的工程制作。

3. 工程目标

通过制作坚固且具有智能预警功能的水泥雨棚，使学生掌握实施工程项目的一般方法，培养学生的绘图技能、测量技能和创造能力。

4. 数学领域

（1）在实验探究过程中，能使用长度测量工具进行测量。

（2）对工程造价进行科学的评估并能做出决策。

教学设计与实施

环节一　问题与聚焦

在学校的 STEM 社团活动中，一位同学提出了自己发现的一个问题：

大家好，我是六（8）班的蔡元元。最近我看到这样一则新闻：8 月 14 日凌晨 1 点左右，某小区一单元防盗门上方的水泥雨棚整体断裂塌落，砸在防盗门上部。附近居民都被巨大的声响惊醒，纷纷出来查看，发现有大量雨棚碎块掉落在地面上。不少人倒吸一口冷气，庆幸事件未造成人员伤亡。后经专业人员勘查现场发现，施工方为了降低工程成本，偷工减料，缩减了水泥雨棚板内钢筋的数量，导致水泥雨棚断裂塌落。

在生活中，我观察到小区单元门上方的防水建筑结构基本上都是水泥雨棚。水泥雨棚若存在质量问题，将会给我们带来极大的安全隐患。大家能想想办法，制作一种安全、价格合理且能在雨棚位置偏移时自动预警的水泥雨棚吗？

同学们，针对这个问题，你们有什么好的建议呢？请尽情去探索吧，把你们的想法记录下来。

环节二　调查与研究

任务1　探究水泥雨棚的组成。

(一) 思考问题

水泥雨棚是由哪些材料组成的?

你们的猜想: _____

_____

(二) 探究活动

(1) 材料: 水泥雨棚碎块 (图7.1)、放大镜。

(2) 活动过程: 利用放大镜观察水泥雨棚碎块 (图7.2)。

图7.1　水泥雨棚碎块

图7.2　利用放大镜观察

通过观察和查阅资料,你们知道水泥雨棚是由哪些材料组成的吗? 这些材料分别有什么作用?

你们的发现: _____

_____

材料的作用: _____

_____

(3) 活动小结: _____

_____

知识链接

水泥雨棚大多由混凝土制成。混凝土是由水泥、水、石子、沙子按照适当的比例混合搅拌，经一定时间硬化后形成的人造石材，简写为"砼"。在混凝土中，沙、石起骨架作用，称为骨料；水泥与水形成水泥浆，水泥浆包裹在骨料表面并填充其空隙。在硬化前，水泥浆起润滑作用，赋予拌合物一定的和易性，便于施工。水泥浆硬化后，则起胶结作用，将骨料胶结成一个坚实的整体。

任务 2 制作混凝土。

（一）思考问题

我们已经知道水泥雨棚由混凝土制成，你们知道混凝土是如何制作的吗？混凝土中各材料的占比分别是多少呢？

你们的猜想：_____

_____

（二）探究活动

（1）材料：水泥（图 7.3）、沙子（图 7.4）、石子（图 7.5）、水（图 7.6）、塑料盒（图 7.7）、木棒（图 7.8）等。

图 7.3　水泥　　　　图 7.4　沙子　　　　图 7.5　石子

图 7.6　水　　　　图 7.7　塑料盒　　　　图 7.8　木棒

（2）制作过程如下：

①将水泥、沙子、石子和水按照 1：1.1：3.43：0.55 的质量比混合（图7.9、图7.10），将它们搅拌成均匀的混合物。

图7.9　按比例准备材料　　　　　　　图7.10　混合材料

②在塑料盒内壁均匀地涂上一层食用油，防止混凝土粘在塑料盒内壁（图7.11）。

图7.11　塑料盒内壁涂油

③将混合物倒入塑料盒中，用木棒刮平表面，等待硬化（图7.12）。

图 7.12　混合物倒入塑料盒中

④ 24 小时后，轻轻倒扣塑料盒，取出里面的混凝土块。

（3）活动小结：_____

任务 3　制作钢筋混凝土。

（一）思考问题

　　同学们，你们已经学习制作了混凝土，大家在观察水泥雨棚碎块时，发现碎块里面还有铁丝，铁丝有什么作用呢？

　　你们的猜测：_____

（二）探究活动

　　制作"T"形钢筋混凝土（图 7.13）。

（1）材料："T"形盒子（图 7.14）、水泥、沙子、石子、水、铁丝（图 7.15）、老虎钳（图7.16）、木棒等。

图 7.13　"T"形钢筋混凝土块

图 7.14　"T"形盒子

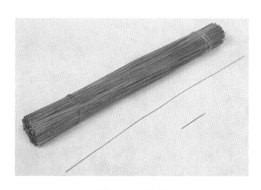

图 7.15　铁丝

图 7.16　老虎钳

（2）制作过程如下：

① 将水泥、沙子、石子和水按照 1∶1.1∶3.43∶0.55 的质量比混合，把它们搅拌成均匀的混合物。

② 在盒子内壁均匀地涂上一层食用油，在"T"形盒子中倒入一半的混合物，在其中加入铁丝，连接"T"形盒的横向与纵向（图7.17）。用混合物填满盒子，用木棒刮平表面，等待硬化。

③ 24 小时后轻轻倒扣盒子，取出里面的混凝土块。

（3）活动小结：_____

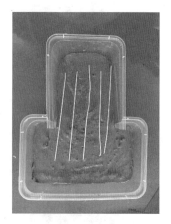

图 7.17　"T"形盒中
铁丝摆放示意图

知识链接

钢筋混凝土在工程上常被简称为钢筋砼，是指在混凝土中加入一些抗拉钢筋所形成的一种组合材料。加入抗拉钢筋的目的是改善混凝土的力学性能。钢筋混凝土一般在浇筑好之后养护一段时间，才能达到设计强度。钢筋混凝土是人类最早开发使用的复合型材料之一。

任务4 探究水泥雨棚倒塌的原因。

（一）思考问题

水泥雨棚由钢筋混凝土板组成，结实耐用，为什么还会倒塌呢？

你们的思考：_____

_____

（二）探究活动

通过查阅资料、咨询专业人员、网上检索等方式，了解水泥雨棚倒塌的原因。

你们的发现：_____

_____

知识链接

水泥雨棚倒塌的两种原因：一是施工方为了节省开支，偷工减料。如混凝土中水泥含量低、钢筋型号不达标等。二是施工人员没有严格按照设计图纸进行施工。如钢筋的排数、位置、间距等与设计图纸不符。

任务5 探究材料对水泥雨棚坚固程度的影响。

（一）探究活动1

探究不同强度等级的水泥对钢筋混凝土坚固程度的影响。

（1）市面上的水泥有哪些常见的强度等级？不同强度等级的水泥对制作出的钢筋混凝土有什么影响？

你们的思考：_____

_____

（2）材料：强度等级分别为 32.5R、42.5、52.5R 的水泥（图7.18 至图7.20）、

沙子、石子、钢丝、塑料盒、食用油、刷子、木棒。

图 7.18　32.5R 水泥

图 7.19　42.5 水泥

图 7.20　52.5R 水泥

（3）制作并对比水泥强度等级不同的钢筋混凝土。

① 取相同质量、不同强度等级的水泥，按比例加水、沙子、石子，搅拌均匀。

② 用食用油涂刷塑料盒内壁，将混合物倒在塑料盒中，用木棒刮平表面，等待硬化。

③ 待混合物硬化后，轻轻倒扣盒子，取出里面的混凝土块。

④ 做承重对比实验。方法一：将混凝土块放置在平整的地面上，用锤子尽全力锤击混凝土块（每次举起锤子的高度相同），比较混凝土块破碎时锤击的次数（图 7.21）。实验时要注意安全哦！方法二：用两个木墩支撑混凝土块，向混凝土块上放置重物，比较混凝土块破碎前承受的重量（图 7.22）。

你们的发现：_____

图 7.21　用锤子砸

图 7.22　承载重物

（4）活动小结：_____

(5) 活动后思考：经过探究，你们有什么发现？

_____

_____

知识链接

　　混凝土承重能力是指混凝土结构在承受重物时所能承受的最大重量。制定混凝土承重能力标准，是为了确保混凝土结构在使用过程中能够安全稳定地承受荷载，降低事故发生的风险。不同强度等级的混凝土的承重能力不同。一般情况下，一平方米强度等级为 C20 的混凝土至少要承受 2 000 kg 的重量。

（二）探究活动 2

探究钢筋型号对水泥雨棚坚固程度的影响。

（1）钢筋有哪些常见的型号？不同型号的钢筋有哪些区别？制作水泥雨棚时，用哪种型号的钢筋更合适？

你们的想法：_____

_____

（2）材料：不同型号的钢筋（图 7.23）、水泥、石子、沙子、塑料盒、手套等。

图 7.23　不同型号的钢筋

（3）制作并对比钢筋型号不同的钢筋混凝土。

① 将水泥、沙子、石子和水按照 1：1.1：3.43：0.55 的质量比混合，把它们搅拌成均匀的混合物。

② 用食用油涂刷塑料盒内壁，在塑料盒中倒入一半的混合物，放入钢筋。

③ 用混合物填满盒子，刮平表面，等待硬化。

④ 待混合物硬化后，轻轻倒扣盒子，取出里面的钢筋混凝土。

⑤ 用同样的方法，在塑料盒的相同位置放入其他型号的钢筋，制作钢筋混凝土。

⑥ 做承重对比实验。可参照探究活动"探究不同强度等级的水泥对钢筋混凝土坚固程度的影响"中的做法。

你们的发现：_____

知识链接

　　钢筋按直径大小分为钢丝（直径 3~5 mm）、细钢筋（直径 6~10 mm）、粗钢筋（直径大于 22 mm）；按力学性能分为Ⅰ级钢筋（235/370级）、Ⅱ级钢筋（335/510级）、Ⅲ级钢筋（370/570）和Ⅳ级钢筋（540/835）；按生产工艺分为热轧、冷轧、冷拉的钢筋，还有用Ⅳ级钢筋经热处理而成的热处理钢筋，按在结构中的作用分为受压钢筋、受拉钢筋、架立钢筋、分布钢筋、箍筋等。

（三）探究活动 3

探究水泥雨棚中钢筋的替代材料。

你们的思考：_____

（1）材料：钢筋（图 7.24）、铁丝网（图 7.25）、塑料网（图 7.26）、铁丝（图 7.27）、水泥、沙子、石子等。

图 7.24　钢筋　　　　图 7.25　铁丝网　　　　图 7.26　塑料网　　　　图 7.27　铁丝

（2）制作并对比不同材料的混凝土。

① 将水泥、沙子、石子和水按照 1∶1.1∶3.43∶0.55 的质量比混合，把它们

搅拌成均匀的混合物，在四个塑料盒的内壁均匀地涂刷食用油并倒入一半的混合物，分别放入铁丝网、塑料网、钢筋、铁丝，再倒满混合物。

② 用木棒将盒内的混合物抹平，放置 24 小时。

③ 轻轻倒扣塑料盒，取出其中的混凝土块，并做承重对比实验。

你们的发现：_____

_____

（四）探究活动 4

探究水泥雨棚的常见结构。

（1）生活中常见的水泥雨棚是哪一种结构？请在小区中寻找（图 7.28、图 7.29）。

 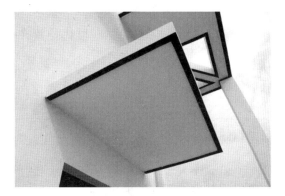

图 7.28　小区内的雨棚　　　　　　　图 7.29　雨棚局部

你们的发现：_____

_____

环节三 分析与设计

任务 1 思考问题，并设计思维导图。

（一）思考问题

（1）制作水泥雨棚需要哪些材料？这些材料的比例是多少时，能保证水泥雨棚的安全性？

你们的想法：_____

_____

（2）生活中，水泥雨棚是如何与墙体连接在一起的，水泥雨棚采用的是哪种结构？

你们的想法：_____

_____

这种结构的优点：_____

_____

（3）水泥雨棚的安全标准是什么？

你们的想法：_____

_____

（4）能不能设计一种智能装置，当水泥雨棚位置发生改变时能及时预警？

你们的想法：_____

_____

（二）设计思维导图

参照图 7.30 画出思维导图。

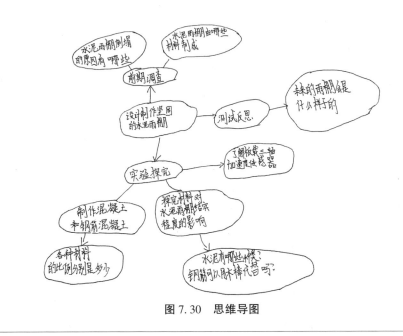

图 7.30 思维导图

任务 2 为一个固定的长 100 cm、宽 12 cm、高 80 cm 的墙体（模型）设计一个长 30 cm、宽 15 cm、高 12 cm 的水泥雨棚。

（1）第一次设计（画图并阐述相关设计意图）。

（2）小组交流，从功能性和美观性两方面互相评价，各小组记录其他小组对本

小组的评价（表7.1）。

表 7.1 设计评价表

评价小组	功能性（☆☆☆☆☆）	美观性（☆☆☆☆☆）

注：打星表示功能性和美观性。

（3）你们打算如何修改？

（4）第二次设计（画图并阐述设计意图）。

提醒：设计师在设计过程中要精准测量各项数据，并标注在设计图中。

（5）第二次设计有何改进之处，谈谈你们的想法。

环节四　制作与测试

任务 1 制作水泥雨棚。

在制作水泥雨棚的过程中,你可能需要使用哪些工具?你会使用吗?

_____

_____

(1)材料:水泥、沙子、石子、水、食用油、塑料盒、钢筋、木棒、模具等。

(2)制作过程:

① 将水泥、沙子、石子和水按照 1∶1.1∶3.43∶0.55 的质量比混合,把它们搅拌成均匀的混合物,倒入内壁涂有食用油的塑料盒中,刮平表面(图7.31)。

② 根据尺寸截取钢筋,按照图纸要求植入混凝土中(图7.32)。

③ 在钢筋四周插入模具,向模具内倒入混凝土,刮平表面(图7.33)。

④ 脱模,取出雨棚成品(图7.34)。

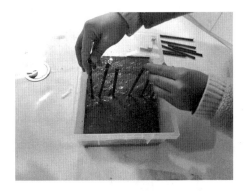

图 7.31　制作墙体　　　　　　　　图 7.32　植入钢筋

图 7.33　浇灌雨棚　　　　　　　　图 7.34　成品

任务2 在固定好的水泥雨棚模型上配备传感器，编写程序进行位置监测。

（一）探究活动1

利用掌控板、板载三轴加速度传感器编写程序，对水泥雨棚位置进行监测。

（1）材料：掌控板、板载三轴加速度传感器、数据线等（图7.35）。

图7.35 板载三轴加速度传感器

（2）了解板载三轴加速度传感器。

加速度是描述物体速度变化的物理量。三轴加速度传感器是一种测量物体三个方向上加速度的传感器，其工作原理基于牛顿第二定律。板载三轴加速度传感器具有体积小和质量轻的特点，可以测量空间加速度，能够全面准确反映物体的运动性质。

板载三轴加速度传感器内部的微小振荡结构可以感知物体的运动状态，通过测量由重力引起的加速度，可以计算出设备相对于水平面的倾斜角度。

（3）编写程序，实现向某一方向倾斜掌控板，掌控板屏幕能显示当前倾斜的方向（图7.36）。

图7.36 编写显示掌控板当前位置状态的程序

将编写的程序上传到掌控板，试一试。

运行结果：_____

（二）探究活动2

（1）利用所学知识，试着完成以下程序设计：当掌控板向左倾斜时，板载 LED 0 号灯亮红色，屏幕显示文字"向左倾斜"，后台播放音符"1 低 C/C3"；当掌控板向右倾斜时，板载 LED 1 号灯亮蓝色，屏幕显示文字"向右倾斜"，后台播放音符"3 低 E/E3"；当掌控板向前倾斜时，板载 LED 2 号灯亮黄色，屏幕显示文字"向前倾斜"，后台播放音符"4 低 F/F3"；当掌控板屏幕朝上时，关闭所有板载 LED 灯，后台停止播放音符。

（2）编写程序（图 7.37），并试一试能否正常运行。

运行结果：_____

（3）活动思考：你们设计的程序成功了吗？说说你们的感受。

_____

_____

任务3 测试水泥雨棚模型与反思。

（一）测试水泥雨棚模型

（1）水泥雨棚的承重能力测试。

每次往水泥雨棚上增加 1 kg 的重物，测试水泥雨棚最多能承受多少重物的压力而不倒塌。

图 7.37 **参考程序**

（2）倾斜水泥雨棚，试试传感器能否及时预警。

① 将掌控板水平固定在水泥雨棚上（图 7.38），有什么现象？

_____

_____

② 向左倾斜水泥雨棚，有什么现象？

_____

_____

③ 向右倾斜水泥雨棚，有什么现象？

图 7.38　水泥雨棚测试

_____

（二）反思

你们在测试过程中遇到了什么问题？你们打算如何解决这些问题？

环节五 展示与评价

(一) 展示作品

展示作品，并进行汇报。

(二) 作品评价

根据表7.2对作品进行评价。

表7.2 "为生命护航"STEM项目评价量表

评分项目	评分标准			项目评分
	1分	2分	3分	
分析与设计	只是口头表达，缺少文字和设计图	有文字和设计图说明，但缺少数据标识	设计图有详细的数据标识，对使用的材料及用量有详细的分析	
分工合作	分工不明确，组织混乱	有基本的分工，但分工不够具体	人人参与	
制作成本	没有控制成本的环节	考虑到工程成本，但不够详细	有具体的材料清单，以及价格列表	
坚固程度	承重力<5 kg	5 kg<承重力<10 kg	承重力>10 kg	
展示说明	展示说明不够详细	展示说明详细，但展示手段单一	展示详细，逻辑清晰，且展示手段丰富	
合理创新	设计不合理	设计有一定的创新性	设计新颖合理	
总得分				

(三) 连线未来

对于未来的水泥雨棚，你们还有什么更好的创意？请呈现出来。

8

生命的延续

课例内容与教学目标

课例核心内容

1. 课例概述

"生命的延续——设计制作微型鱼道"项目源于学生在家乡水域发现原有的小水坝在设计之初没有预留鱼道，阻碍了鱼类的洄游。本项目通过让学生聚焦生态保护，引导学生关注运河中鱼类的生存繁衍，并根据水利枢纽的地势特点，设计、制作微型鱼道，以保护运河中鱼类的多样性。本项目通过聚集实际问题，在核心问题的驱动下，让学生了解常见的鱼道和制作微型横隔板缝式鱼道的一般方法。横隔板缝式鱼道主要由进口、池室和出口组成，利用隔板将水槽上下游的总水位差分为若干级，形成梯级池室。这种鱼道采用设置层层障碍物的方式降低水流穿过鱼孔的速度，从而使得下游的鱼类顺利洄游至产卵区进行产卵繁殖，进而使得鱼类的种群得以延续。

2. 本课例的工程挑战任务

设计、制作微型鱼道（模型）。

3. 建议课时

8课时（40分钟/课时）。

课例教学目标

1. 科学探究

（1）了解水利设施的作用。

（2）了解鱼类洄游知识、鱼道的种类。

2. 技术素养

（1）使用手锯、台锯等工具对材料进行加工。

（2）利用信息化设备对信息进行适当的筛选和加工。

（3）使用亚克力胶水固定亚克力板材。

3. 工程目标

（1）通过制作与完善微型鱼道，培养学生用多种方法解决实际问题的工程思维。

（2）提升学生在限定条件下进行工程设计与工程制作的能力。

4. 数学领域

（1）对现有的模拟场地进行测量与计算，进而确定设计模型的具体规格。

（2）对工程造价进行科学的评估并能做出决策。

教学设计与实施

环节一　问题与聚焦

尊敬的××小学校长：

　　我是贵校五年级1班学生×××的爷爷，也是一名垂钓爱好者。我住在运河边上，小的时候运河里的鱼类还是挺多的。后来为了改善航运，人们在运河上游修建了一座小水坝，近年来我发现运河里鱼的种类和数量大幅减少了，仔细了解发现，原来是上游的水坝没有预留鱼道，堵住了鱼类洄游产卵的通道。

　　通过孩子的介绍，我了解到贵校是一所以STEM教育为特色的学校，学校设有许多STEM活动小组，希望贵校的学生能够针对这个问题思考解决方案并进行自主设计，制作模型，测试效果，汇报给相关部门，为真正解决运河中鱼类繁殖的问题做出贡献。

　　期待看到你们的成果。

××学校五年级学生的爷爷

2021年8月20日

　　同学们，针对这个问题，你们有什么好的建议呢？请尽情去探索吧，把你们的想法记录下来。

环节二　调查与研究

任务 1　了解水坝的相关知识。

通过阅读资料了解水坝的相关知识，并填写表 8.1。

表 8.1　水坝知识阅读单

水坝知识阅读单	
阅读主题	什么是水坝？ 水坝由哪些部分构成？ 水坝各部分的功能分别是什么？
通过什么媒介获取知识？	网络□　　　纸质书籍□　　　有经验的人□
你们的发现	
在班级内交流，认真聆听别人的发现，并记录下你们觉得有价值的信息	

知识链接

　　国际大坝委员会（ICOLD）对大型水坝的定义：从最低地基到山顶的高度为 15 m 或更高的水坝，或 5 m 至 15 m 之间的水坝，蓄水量超过 300 万 m³。截至 2020 年 4 月，全球登记注册的大坝有 58 713 座，其中我国有 23 841 座，占比达到 40.6%。之所以建造如此多的大坝，是因为水坝具有以下功能：

　　（1）筑坝能够使水流分配更为均匀，减少洪水的危害；

（2）灌溉周围的农田，目前世界范围内30%～40%的灌区用水依赖于水坝；

（3）提供大量廉价的电力，目前世界上约有150多个国家和地区正在用水力发电；

（4）有助于改善航运。

水坝在带来便利的同时也带来了危害，主要体现在以下几个方面：

（1）影响流域的水循环，破坏原有的生态系统；

（2）可能诱发地震及山体滑坡，影响库区水质；

（3）阻断河流内鱼类的洄游通道，破坏渔业资源，如埃及阿斯旺水坝的建设导致河流内沙丁鱼绝迹。

任务2 了解运河上鱼道的相关知识。

通过阅读资料了解鱼道的相关知识，并填写表8.2。

表8.2 鱼道知识阅读单

鱼道知识阅读单	
阅读主题	什么是鱼道？ 鱼道由哪些部分构成？ 鱼道各部分的功能分别是什么？
通过什么媒介获取知识？	网络□ 纸质书籍□ 有经验的人□
你们的发现	
在班级内交流，认真聆听别人的发现，并记录下你们觉得有价值的信息	

鱼道即供鱼类洄游的通道，一般通过在水闸或坝上修建人工水槽保护鱼类的习性。

在水坝的下游，鱼类依靠水流的吸引进入鱼道，鱼类在鱼道中需要运用自身的力量克服水流的冲击逆流而上。鱼道在设计时需考虑过坝鱼类的品种及其习性、溯游能力和过鱼季节。同时，设计鱼道内的流速时需考虑鱼类的习性及洄游的能力，确保鱼类能够不费力地通过，以免影响鱼类的生理机能。

鱼道按结构形式，分为池式鱼道和槽式鱼道两类。池式鱼道由一串连接上下游的水池组成，很接近天然河道，但其适用水头小，占地大，所以适用性受到限制。槽式鱼道又可分为简单槽式、丹尼尔式和横隔板式。

任务 3 探究不同材料的性质。

同样规格的纸板（图 8.1）、木板（图 8.2）、防腐木板（图 8.3）、钢板（图 8.4）及亚克力板（图 8.5），它们各有什么特点呢？

图 8.1 纸板

图 8.2 木板

图 8.3 防腐木板

图 8.4 钢板

图 8.5 亚克力板

你们的想法：＿＿＿＿＿＿＿＿＿＿＿＿＿＿＿＿＿＿＿＿＿＿＿＿＿

（1）称一称不同材料物体的质量。

利用电子秤（图8.6）称量同样规格的纸板、木板、防腐木板、钢板及亚克力板的质量并记录于表8.3中。

图 8.6 电子秤

表 8.3 不同材料的质量

材料（10 mm×10 mm×2 mm）	质量/g
纸板	
木板	
防腐木板	
钢板	
亚克力板	

按材料轻重排序：_____

（2）测一测不同材料的耐水性。

用滴管分别在同样规格的纸板、木板、防腐木板、钢板及亚克力板上滴同样滴数的水滴（图8.7），并仔细观察。

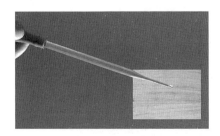

图 8.7 使用胶头滴管滴水

按吸水能力由弱到强排序：_____

_____

（3）试一试不同材料的硬度。

用铁钉分别在同样规格的纸板、木板、防腐木板、钢板及亚克力板上使用同样大的力进行刻画（图8.8），仔细观察并体验。

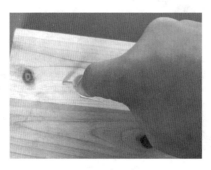

图8.8　用铁钉刻画

按铁钉在材料上的划痕由深到浅排序：_____

_____

（4）比一比材料的价格。

通过调查对同样规格（100 mm×100 mm×4 mm）的纸板、木板、防腐木板、钢板及亚克力板的价格进行比较。

按价格由低到高排序：_____

_____

任务4　探究不同的加工方法。

（1）请选择合适的工具，将1个长300 mm、宽300 mm、厚2 mm的木板，加工成一个长60 mm、宽50 mm、厚2 mm的木板。

① 材料：护目镜（图8.9）、卷尺（图8.10）、记号笔（图8.11）、防护手套（图8.12）、手锯（图8.13）和多功能微型台锯（图8.14）。

图8.9　护目镜　　　　　图8.10　卷尺　　　　　图8.11　记号笔

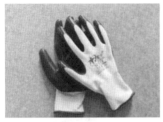

图 8.12　防护手套

图 8.13　手锯

图 8.14　微型台锯

② 过程：

a. 在木板上使用记号笔标注出所要加工材料的具体尺寸（图 8.15）。由于操作具有一定的危险性，请在教师的指导下完成。

b. 穿戴好防护手套、防护衣和护目镜。

c. 检查微型台锯的台面固定螺丝是否松动、台面是否清洁、台锯的锯片是否松动，试运行 30 秒。

d. 调节防护栏至 6 cm 处，旋转螺丝固定（图 8.16）。

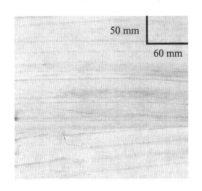

图 8.15　标注尺寸

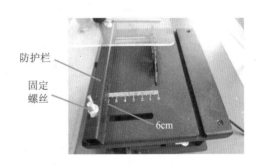

图 8.16　调节位置

e. 打开开关（图 8.17），根据被加工材料的硬度及大小调节速度挡位（图 8.18）。

图 8.17　打开开关

图 8.18　调节速度挡位

f. 放入被加工材料，用力顶住防护栏，推动材料缓缓朝前推进（图 8.19）。

g. 待该部分切割完毕，关掉电源，调整防护栏至 5 cm 处，旋转螺丝固定（图 8.20）。

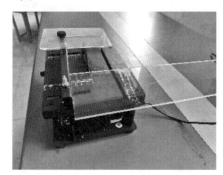

图 8.19　加工材料

图 8.20　调节固定

h. 打开开关，用力顶住防护栏，将上一步加工好的材料缓缓朝前推进（图 8.21）。

图 8.21　再次加工

i. 关掉电源。

你们成功了吗？说说你们的操作心得。

————————————————————————————————

————————————————————————————————

（2）如果要加工一个带有一定角度的木板，应该怎么操作？

① 在木板上使用记号笔标注出所要加工材料的具体角度（图 8.22）。

② 利用角度仪找到合适的角度（图 8.23）。

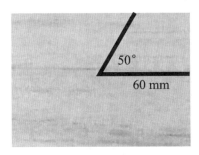

图 8.22 标注角度

图 8.23 角度仪

③ 用方锯切割。

a. 请问你们能熟练使用微型台锯进行材料的切割和加工吗？

b. 如果将微型台锯换成手锯，你们还能熟练地加工吗？手锯和微型台锯相比有什么优缺点？

你们成功了吗？说说你们的操作心得。

任务5 探究亚克力板的固定方法。

两块亚克力板应该如何固定呢？

你们的想法：_____

（1）材料：亚克力板、亚克力胶水（图 8.24）、注射器（图 8.25）。

图 8.24 亚克力胶水

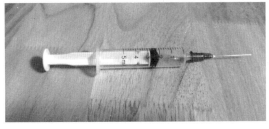

图 8.25 注射器

（2）过程：

① 使用注射器，吸取亚克力胶水。

② 将两块亚克力板紧紧靠在一起，使用注射器沿着贴合处涂抹亚克力胶水（图 8.26）。

③ 涂抹完毕，双手需固定亚克力板 45 秒左右，确保两块板黏合牢固（图 8.27）。

特别提醒：由于亚克力胶水有轻微的刺激性及粘在手上不易清洗等问题，请务必在教师的严格指导下操作。

图 8.26　涂抹亚克力胶水　　　　　　　图 8.27　固定板材

知识链接

亚克力胶水又称有机玻璃胶水，具有使用方便、定位速度快、黏合强度大等优点。但由于其具有刺激性及黏度大等特点，在使用时请务必注意：

（1）带好防护手套，以免弄到手上难以清洗。

（2）如胶水不慎接触到皮肤，请勿着急，该胶水一般不伤手，使用肥皂水清洗即可；如不慎滴入眼睛，请用大量清水冲洗，严重时请就医。

（3）由于亚克力胶水蒸气有刺激性，请尽量在通风情况良好的环境下操作。

环节三 分析与设计

任务 1 思考问题，并设计思维导图。

（一）思考问题

（1）为了解决运河中鱼类洄游产卵的问题，你们打算设计一种什么样的装置来帮助鱼类从低的地方到高的地方？

你们的想法：_____

_____

（2）整个装置由哪些部分构成？

你们的想法：_____

_____

这种结构的优点：_____

_____

（3）装置中每个部分分别有什么功能？

你们的想法：_____

_____

每部分的功能：_____

_____

（4）你们打算选择什么样的材料用于建造装置？

你们的想法：_____

_____

你们需要的材料：_____

_____

（5）你们觉得有哪些困难？

请列出来：_____

_____

（二）设计思维导图

参照图 8.28 画出思维导图。

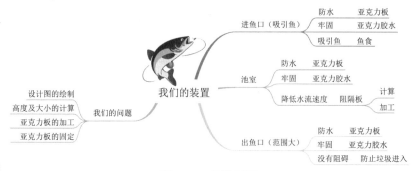

图8.28 思维导图

任务2 设计整体装置。

（1）第一次设计（画图并阐述设计意图）。

（2）小组交流，从功能性和美观性两方面互相评价，各小组记录其他小组对本小组的评价（表8.4）。

表8.4 设计评价表

评价小组	功能性（☆☆☆☆☆）	美观性（☆☆☆☆☆）

注：打星表示功能性和美观性。

（3）你们打算如何修改？

（4）第二次设计（画图并阐述设计意图）。

提醒：设计师在设计过程中要精准测量各项数据，并标注在设计图中。

（5）第二次设计有何改进之处，谈谈你们的想法。

环节四　制作与测试

任务　制作一个过鱼率达到 20% 以上的微型鱼道。

（一）查阅资料

（1）为什么要建设鱼道？

在河流上筑坝拦截河流，会阻断鱼类的天然洄游通道，影响河流生态系统。鱼道的建设能够让鱼类克服水流落差、实现洄游过坝，鱼道是让怀卵鱼能无阻碍地通过，正常地按照洄游路线到达目的地产卵，以及让仔鱼进入习惯的生活区生长的"走廊"。鱼道是减轻水利工程带来生态环境不利影响的主要补偿方式，对于保护鱼类的繁衍和渔业资源具有重大的作用。

（2）横隔板缝式鱼道的构造及工作原理是什么？

横隔板缝式鱼道主要由进口、池室和出口组成（图 8.29），利用隔板将水槽上下游的总水位差分为若干级，形成梯级池室，又称梯级式鱼道或鱼梯，这种鱼道是利用水垫、沿程摩阻及水流对冲、扩散来消能，改善流态，降低过鱼孔的水流速度，并可通过调整过鱼孔的形式、位置、尺寸来满足不同习性鱼类的需要。其结构简单，维修方便，近代鱼道大都采用这种形式。

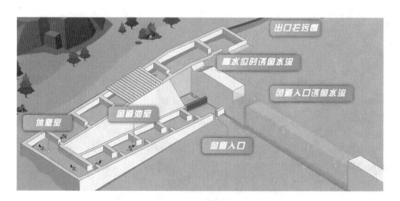

图 8.29　横隔板缝式鱼道结构

（3）什么叫过鱼率？

鱼道过鱼效果是衡量鱼道建设价值和优化改造的依据，对鱼道进行监测是判断过鱼效果的关键所在。常规方法诸如堵截法、网具回捕法等耗时费力、对鱼体损害较大、效率较低且影响鱼道正常运行。在本项目的模拟实验中，由于鱼类的数量是可数的，只要数出规定时间内通过鱼道洄游的鱼类数量，就可计算出过鱼率，具体计算方法如下：

过鱼率=过鱼尾数/测试鱼群数量×100%

（4）过鱼率达到多少证明鱼道有效？

江西省水利规划设计研究院对江西峡江水利枢纽工程的过鱼效果进行统计，发现鱼道有助于鱼类的洄游，2017年过鱼数达到了67.8万尾，过鱼效果良好。由于本项目是模拟实验，鱼类相对集中在狭小的范围内，因此认为每100尾鱼过去20尾即可认为过鱼效果良好，即过鱼率达到20%。

（5）实验选择什么品种和规格的鱼较为合适？

根据江西省水利规划设计研究院针对江西峡江水利枢纽工程过鱼效果的统计，体长0~20 cm的小鱼和20~50 cm的中鱼分别占过鱼总数的42.58%和46.74%，且草鱼和鲤鱼都有洄游的本能。在本项目中，装置相对较小，考虑到成本问题，实验选择10 cm左右的锦鲤（图8.30）。

图8.30 过鱼的品种和规格

（二）选择工具与材料

（1）根据测量的模拟场地的大小确定设计图的相关尺寸（图8.31）。

宽度约为60 cm

长度约为800 cm

图8.31 测量模拟场地的大小

（2）根据测量的实际结果，自主绘制鱼道设计图（图8.32），标注数据及加固点、加工方法。

鱼道全长 120 cm，挡板的规格是宽 5 cm、高 10 cm、厚 4 mm，共 9 块；该学生选择和挡板同样规格的亚克力板作为加固材料，加固点有 3 处，需要 3 块宽 5 cm、高 10 cm、厚 4 mm 的亚克力板材。

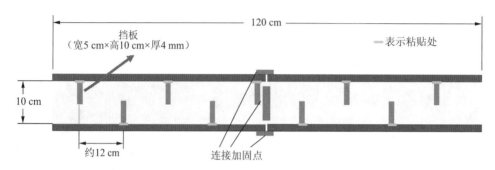

图 8.32　某学生的设计图

（3）确定支架的高度。

由于横隔板缝式鱼道设计相对较为烦琐，该同学选择的设计较为简单，鱼道的两端需要有水位的落差。根据长度与高度的比例为 1∶10 的计算方法，得出高度约为 12 cm，因此需要设计一个高为 12 cm 的支架（图8.33）。

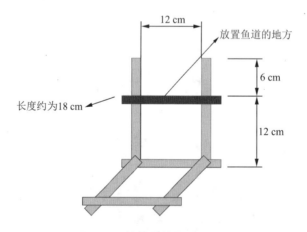

图 8.33　某学生的支架设计图

支架整体高度约为 18 cm，放置鱼道的地方距离支架底部 12 cm，共需要 7 块规格为 18 cm×2 cm×1 cm 的木材，还需要若干钉子用于固定。

（4）学生根据实际需求，选择合适的工具，根据某学生的设计图（图8.32、图8.33），应该选择微型台锯、羊角锤、钉子、注射器、卷尺、护目镜等工具（图8.34）。

微型台锯　　　　　热熔胶枪　　　　　钳子　　　　　　剪刀　　　　　　羊角锤

卷尺　　　　　　　护目镜　　　　　　手电钻　　　　　注射器　　　　　钉子

图 8.34　可供选择的工具

根据以上分析，制作鱼道需要亚克力板材、木板、亚克力胶水等材料，共需要 100 mm×600 mm×4 mm 的亚克力板材 6 块，50 mm×100 mm×4 mm 的亚克力板材 12 块，由于没有现成的 50 mm×100 mm×4 mm 的亚克力板材，需要使用 100 mm× 600 mm×4 mm 的亚克力板材进行切割，考虑到加工磨损，需要 2 块 100 mm× 600 mm×4 mm 的亚克力板材进行切割，因此共需 8 块 100 mm×600 mm×4 mm 规格的亚克力板材。需要 7 块规格为 18 cm×2 cm×1 cm 的木材，由于没有现成规格的木材，需要使用 20 cm×2 cm×1 cm 的木材进行加工。

（三）制作过程

（1）加工材料：使用微型台锯加工木板（图 8.35）和亚克力板（图 8.36）。学生应在教师的帮助和指导下安全使用台锯。

图 8.35　加工木板

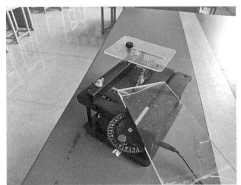

图 8.36　加工亚克力板

（2）固定材料：将加工好的木板用羊角锤和钉子固定（图 8.37）；将加工好的亚克力板按照设计图的位置使用亚克力胶水加固（图 8.38）。

（3）装置制作完成（图 8.39）。

图 8.37　固定木板

图 8.38　固定亚克力板

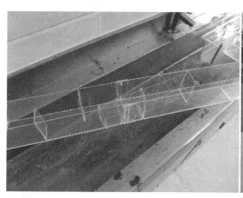

图 8.39　作品呈现

（4）测试装置的牢固性和密封性。

① 将装置侧放于平整的桌面上，用力挤压侧面，观察装置的牢固性（图 8.40）。

② 将装置斜靠于桌子上，一人用手扶住装置，一人用力向下按压，观察装置的底部是否粘贴牢固（图 8.41）。

③ 在装置中装入水，观察装置的密封性（图 8.42）。

（5）手动调整装置的高度（图 8.43），确保水流速度合适，在下游位置鱼道的入口处抛洒适量鱼食以吸引更多的锦鲤聚集在此处，利用鱼类的本能，通过水流进一步吸引锦鲤向上洄游。

（6）观察锦鲤从下向上洄游，观测 20 分钟内鱼类洄游的数量，计算该时间段内的过鱼率（图 8.44）。如果过鱼率大于 15%，则证明该装置过鱼效果良好；如果过鱼率远低于 15%，则证明该装置需要重新设计及改进。

图 8.40　侧面挤压
测试装置的牢固性

图 8.41　正面按压测试
装置的牢固性

图 8.42　测试装置的
密封性

图 8.43　手动调节
装置高度

图 8.44　初步检测过鱼效果

（7）实验成功了吗？说说你们的感悟。

环节五　展示与评价

（一）展示作品

展示作品，并进行汇报。

（二）作品评价

根据表8.5对作品进行评价。

表8.5　"生命的延续" STEM 项目评价量表

评分项目	评分标准			项目评分
	1分	2分	3分	
分析与设计	只是口头表达，缺少文字和设计图	有文字和设计图说明，但缺少数据标识	设计图有详细的数据标识，对使用的材料及用量有详细的分析	
分工合作	分工不明确，组织混乱	有基本的分工，但分工不够具体	人人参与	
制作成本	没有控制成本的环节	考虑到工程成本，但不够详细	有具体的材料清单，以及价格列表	
过鱼效果	过鱼率小于15%	过鱼率介于15%~25%	过鱼率大于25%	
展示说明	展示说明不够详细	展示说明详细，但展示手段单一	展示详细，逻辑清晰，且展示手段丰富	
合理创新	设计不合理	设计有一定的创新性	设计新颖合理	
总得分				

（三）连线未来

对于未来的智能鱼道，你们还有什么更好的创意？请呈现出来。

9 蓄水小达人

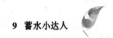

课例内容与教学目标

课例核心内容

1. 课例概述

"蓄水小达人——设计制作智能化控制的农田蓄水装置"项目源于学生在农村老家生活时，发现村里大多是留守老人，他们种地挑水比较困难。本项目以烧杯、水槽等器材模拟微型蓄水池和河流，帮助学生了解抽水泵的工作原理和使用方法，了解智能化控制抽水泵的方法，学会制作智能蓄水池的一般方法：人工筑成水池或沟槽，底面铺设防渗漏隔水层，安装水位传感器。当水位降至低位时，水位传感器会给出信号提示缺水，抽水泵自动加水；当水位上升到一定位置时，水位传感器给出信号提示水满，抽水泵停止加水，防止水满溢出，最终达到自动化控制水位的效果。

2. 本课例的工程挑战任务

设计、制作智能蓄水装置。

3. 建议课时

8 课时（40 分钟/课时）。

课例教学目标

1. 科学探究

（1）了解抽水泵的工作原理和使用方法。

（2）探究各种材料的不同性能。

2. 技术素养

（1）利用开源硬件与传感器编写程序。

（2）使用造型板、铆钉等材料进行支架构建。

3. 工程目标

通过对智能蓄水装置的修改与完善，培养学生的工程制图技能、沟通技能、工程创造能力等。

4. 数学领域

（1）对水位进行测量与计算。

（2）对工程造价进行科学的评估并能做出决策。

教学设计与实施

环节一　问题与聚焦

　　大家好，我是××小学五年级 1 班的学生张世轩。我家住在张庙镇，今年暑假期间，我爷爷带我去给菜田浇水。到了菜田，我发现由于夏季高温，阳光暴晒，菜都蔫蔫的，爷爷冒着酷暑去附近的小河里挑水，累得气喘吁吁、满头大汗，十分辛苦。

　　我想，假如能找到一种方法帮助爷爷将小河里的水自动抽到蓄水池里，那该多好啊。

　　同学们，针对这个问题，你们有什么好的建议呢？请尽情去探索吧，把你们的想法记录下来。

环节二　调查与研究

任务1　研究抽水的方法。

（1）利用软管或吸管将水从水槽中抽出。

① 材料：水槽2个（图9.1）、软管1根（图9.2）、吸管若干（图9.3）、水500 mL。

图9.1　水槽

图9.2　软管

图9.3　吸管

② 过程：

a. 将约500 mL水倒入一个水槽中。

b. 尝试用软管、吸管将水引入另一个空水槽中，你们是怎么做的？

你们的发现：＿＿＿＿＿＿＿＿＿＿＿＿＿＿＿＿＿＿＿＿＿＿＿＿＿＿＿＿＿＿＿＿＿

＿＿

（2）利用抽水泵将水从水槽中抽出。

① 材料：水槽2个、水500 mL、软管1根、微型抽水泵1个、掌控板1个、数据线1根、扩展板1个、电池盒1个、5号电池3节、十字起1个、连接线若干。

② 过程：

a. 连接硬件设备（图9.4）。抽水泵正极连接扩展板上的电机接口M1+，负极连接扩展板上的电机接口M1-，电池盒连接扩展板上的电池接口。

图9.4　硬件连接

b. 在一个水槽中装入500 mL水，将抽水泵浸入水中，水管的一端接抽水泵出水口，另一端放入空水槽中（图9.5）。注意：扩展板、掌控板、电线的金属头都不能沾水，否则容易造成短路，烧坏元器件。

c. 编写抽水程序并将程序上传至掌控板（图9.6）。

图 9.5　放入抽水泵　　　　　　　　　图 9.6　抽水程序

d. 打开电池盒的电源开关，你们观察到了什么？

你们的发现：_____

_____

e. 思考：为什么会有这样的现象发生？通过阅读书籍或者利用互联网搜索相关知识，将搜索到的信息记录下来。

_____

_____

> **知识链接**
>
> 　　抽水泵的叶轮高速旋转，使叶轮中心的液体以很高的速度被抛开，离心力的作用使叶轮中心形成低压，液体因此从低位被源源不断地吸到高位。

任务2　以一个立方体水槽模拟河流，烧杯模拟蓄水池（图9.7）。请思考：如何将水槽里的水抽入烧杯中？

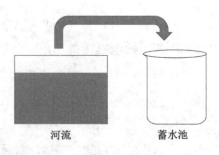

河流　　　　　　　蓄水池

图 9.7　模拟河流与蓄水池

（1）材料：微型水泵和软管（图9.8）。

图9.8 微型水泵和软管

（2）过程：

① 抽取 100 mL 水到蓄水池中。

② 抽取 200 mL 水到蓄水池中。

提示：你们知道图9.9所示烧杯现在的蓄水量是多少吗？在观察液位时应该注意什么？

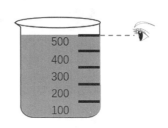

图9.9 观察液位

你们成功了吗？说说你们的操作心得吧。

_____

_____

如果无人看管，抽水泵一直抽水，会怎么样？思考一下如何解决。

_____

任务 3 利用超声波传感器进行水位控制。

（1）观察图9.10，你们知道这些小动物是如何锁定猎物位置的吗？

你们的想法：_____

_____

（2）了解超声波传感器（图9.11）的工作原理。

超声波传感器工作原理：超声波发射

图9.10 超声波工作原理

183

器发出超声波，超声波遇到障碍物发生反射，超声波接收器接收到反射波，从而使传感器检测到障碍物，根据发送超声波和接收到反射波的时间差，可计算出障碍物与超声波传感器的距离（图 9.12）。

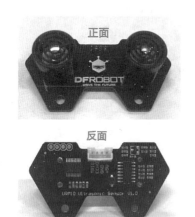

图 9.11　超声波传感器

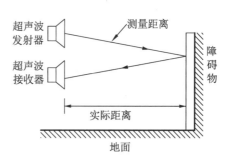

图 9.12　超声波传感器工作原理

（3）利用超声波传感器测量距离。

① 材料：掌控板 1 个、数据线 1 根、扩展板 1 个、超声波传感器 1 个、连接线若干、电池盒 1 个、卷尺 1 个（图 9.13）。

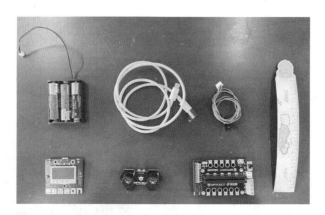

图 9.13　硬件材料

② 过程：

a. 将掌控板与扩展板相连、超声波传感器与扩展板相连，具体接线方式是TRIG 连接 P0，ECHO 连接 P2，+5V 连接 IO 口的正极（+），GND 连接 IO 口的负极（-），如图 9.14 所示。

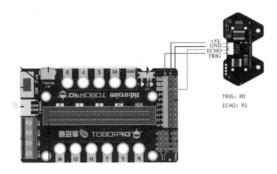

图 9.14　硬件连接

b. 编写程序上传至掌控板（图 9.15），并测试、调试程序。

图 9.15　测距程序

c. 利用超声波传感器和卷尺分别测量桌子的高度和同桌的身高。

请将你们测得的数据记录下来。

环节三 分析与设计

任务1 思考问题，并设计思维导图。

（一）思考问题

（1）为了将水从河中抽到蓄水池中并能智能控制，你们打算设计一种什么样的装置？

你们的想法：_____

_____

（2）整个装置由哪些部分构成？

你们的想法：_____

_____

这种结构的特点：_____

_____

（3）装置中每个部分分别有什么样的功能？

你们的想法：_____

_____

每部分的功能：_____

_____

（4）你们打算选择什么样的材料制作这个装置？

你们的想法：_____

_____

你们需要的材料：_____

_____

（5）如何让你们设计的装置实用、牢固且美观呢？

你们的想法：_____

_____

（6）你们打算选择哪些传感器和硬件设备？

你们的想法：_____

_____

（7）你们觉得有哪些困难？

请列出来：＿＿＿＿＿＿＿＿＿＿＿＿＿＿＿＿＿＿＿＿＿＿＿＿＿＿＿＿＿

（二）设计思维导图

参照图9.16画出思维导图。

图9.16　思维导图示例

任务2　设计整体装置（系统）。

（1）第一次设计（画图并阐述设计意图）。

（2）小组交流，从功能性和美观性两方面互相评价，各小组记录其他小组对本小组的评价（表9.1）。

表9.1　设计评价表

评价小组	功能性（☆☆☆☆☆）	美观性（☆☆☆☆☆）

注：打星表示功能性和美观性。

（3）你们打算如何修改？

（4）第二次设计（画图并阐述设计意图）。

提醒：设计师在设计过程中要精准测量各项数据，并标注在设计图中。

（5）第二次设计有何改进之处，谈谈你们的想法。

环节四 选材与制作

任务1 为了控制水位，我们需要使用超声波传感器并搭建一个支架将其固定在蓄水池的上方。

（1）你们将选择什么样的材料建造超声波传感器的支架？说说你们这样选择的原因。

_____

_____

（2）你们选择什么材料固定？

_____

_____

（3）你们能测量出图9.17所示烧杯的高度吗？你们是怎么测量的？

_____

_____

（4）你们打算搭建多高的支架？你们是怎样计算材料使用量的？

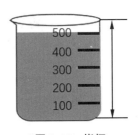

图9.17 烧杯

_____

_____

（5）评估材料价格。

请通过调查的方式了解所选材料的价格。本次建造大约需要花费多少钱？你们是怎样计算的？

_____

_____

（6）固定超声波传感器。

① 设计一个支架固定超声波传感器，思考超声波发射器和接收器在固定时面向什么方向？参考图9.18、图9.19画出你们的设计图。

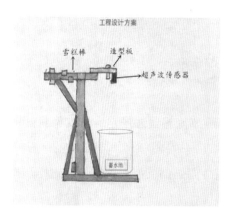

图 9.18　设计图 1

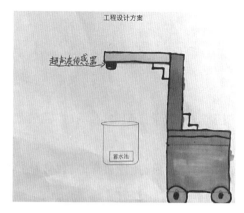

图 9.19　设计图 2

② 搭建支架时，你们用到了什么工具？

③ 利用你们选择的材料进行搭建。例如，可以利用 3D 造型板和铆钉（图 9.20、图 9.21）进行搭建。将铆钉放入两个或多个造型板的共同孔中，用力将铆钉压紧，即可使造型板紧密连接，形成不同的造型（图 9.22 至图 9.24）。

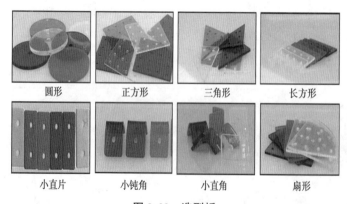

图 9.20　造型板

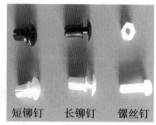

图 9.21　铆钉

图 9.22　安置铆钉

图 9.23　按紧铆钉

图 9.24　造型图

搭建步骤：

a. 以烧杯高度为参考，利用造型板和铆钉搭建一个稳定的支架，用于固定超声波传感器，如图 9.25 所示。

b. 用铆钉将超声波传感器固定在支架上（图 9.26、图 9.27），烧杯放置在超声波传感器正下方，成品如图 9.28 和图 9.29 所示。

图 9.25　支架

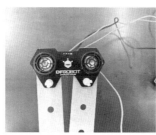

图 9.26　超声传感器的正面

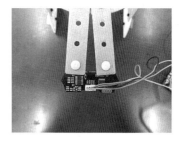

图 9.27　超声传感器的背面

图 9.28　成品正面

图 9.29　成品侧面

④ 你们搭建成功了吗？说说你们的感悟吧。

任务 2 根据提供的蓄水系统模型大小，利用超声波传感器测量水位（图 9.30），并设定抽水泵开启和停止的水位。

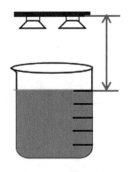

图 9.30　测量水位

（1）请测量烧杯中的水分别为 100，200，300，400 mL 时，超声波传感器的测距值，并完成表 9.2。

表 9.2　测量水位

水的体积/mL	100	200	300	400	500
超声波传感器的测距值/cm					

（2）观察测得的数据，你们有什么发现吗？

_____

_____

（3）活动与思考：

① 结合实际情况，如何设定抽水泵开启和停止的水位比较合理？说出理由。

_____

_____

② 根据测量得到的数据，用自己的语言总结一下智能控制水位的方案。

任务 3 在固定好的装置上连接传感器，编写对抽水泵进行智能控制的程序，实现达到一定的水位后自动蓄水和停止蓄水的功能。

（1）认识掌控板和扩展板。

了解掌控板和扩展板的相应接口与对应功能。

（2）编写程序流程图。

（3）连接硬件（图9.31）。

① 将掌控板与扩展板相连，将超声波传感器与扩展板相连，具体接线方式是 TRIG 连接 P0，ECHO 连接 P2，+5V 连接 IO 口的正极（+），GND 连接 IO 口的负极（-）。

② 抽水泵正极连接扩展板上的电机接口M1+，

图 9.31　硬件连接

抽水泵的负极连接扩展板上的电机接口 M1-，电池盒连接扩展板上的电池接口。

（4）利用 Mind+软件编写程序（图9.32）。

图 9.32　编写程序

程序功能：当超声波传感器检测到蓄水池（烧杯）缺水时，抽水泵工作，抽水送入蓄水池（烧杯），屏幕提示"正在加水中"，并亮起红色提示灯；当超声波传感器检测到水加满时，抽水泵停止工作，屏幕提示"已加满"，并亮起绿色指示灯。

（5）将程序上传到掌控板并测试效果。

环节五　测试与反思

任务　对制作好的装置进行测试并反思。

（1）各组对制作好的装置进行测试与优化。

① 测试你们的装置能否在设定的水位及时停止抽水，并填写表9.3。

表9.3　对装置进行测试

设定的停止水位对应的水体积/mL	测试结果（是否及时停止）
100	
200	
300	
400	
500	

如果装置未能在设定位置及时停止抽水，可能是由哪些原因引起的？如何调整？

_____

_____

② 除了超声波传感器，你们还能想到哪些传感器可以更好地监测水位，防止水满溢出？试一试，看看哪一个更合适。

_____

_____

③ 你们设计、制作的装置坚固耐用吗？测试一下吧。

a. 防风测试。

将你们的装置放在电风扇下，看它能不能抵挡电风扇最大风力的侵袭而不倒？

你们的发现：_____

你们的装置能顺利通过测试吗？_____

你们的反思：_____

b. 防水测试。

利用洒水壶对装置进行模拟雨水侵蚀测试，不间断地向装置喷洒清水5分钟，看装置能不能抵挡雨水的侵蚀而不短路？

你们的发现：_____

你们的装置能顺利通过测试吗？

你们的反思：

c. 防撞击测试。

利用钟摆对你们的装置进行模拟冲击测试，并填写表9.4。

表9.4 对装置进行模拟冲击测试

摆锤重量	摆线长短	次数	撞击现象
一个钩码	选择合适的长度	第一次	
		第二次	
		第三次	
两个钩码	选择合适的长度	第一次	
		第二次	
		第三次	
三个钩码	选择合适的长度	第一次	
		第二次	
		第三次	
四个钩码	选择合适的长度	第一次	
		第二次	
		第三次	

注：测试时保持摆线长度一致。

你们的装置是否坚固？

（2）反思：你们制作的智能蓄水装置有哪些优缺点？如何进行改进？

环节六　展示与评价

（一）展示作品

展示作品，并进行汇报。

（二）作品评价

根据表 9.5 对作品进行评价。

表 9.5　"蓄水小达人" STEM 项目评价量表

评分项目	评分标准			项目评分
	1 分	2 分	3 分	
分析与设计	只是口头表达，缺少文字和设计图	有文字和设计图说明，但缺少数据标识	设计图有详细的数据标识，对使用的材料及用量有详细的分析	
分工合作	分工不明确，组织混乱	有基本的分工，但分工不够具体	人人参与	
制作成本	没有控制成本的环节	考虑到工程成本，但不够详细	有具体的材料清单，以及价格列表	
抽水效果	不能抽水	能抽水，不能智能化控制，不停止或抽不满500 mL	能抽水，并能够智能化控制抽水泵，及时抽水和停止抽水	
展示说明	展示说明不够详细	展示说明详细，但展示手段单一	展示详细，逻辑清晰，且展示手段丰富	
合理创新	设计不合理	设计有一定的创新性	设计新颖合理	
总得分				

（三）连线未来

对于未来的蓄水装置，你们还有什么更好的创意？请呈现出来。